Wie schon im ersten Buch so bin ich auch in diesem mit meiner besten Freundin, der Jack Russel Dame Lissy, unterwegs.

Da es den interessierten Lesern so viel Freude gemacht hat an unseren heiteren und ironischen Begegnungen teil zu haben, berichten wir von neuen lustigen Episoden.

Sollten sie sich irgendwann einmal einsam fühlen und einen wahren Freund suchen, holen sie einen Hund in ihr Heim.

Sie werden es selbst bei größter Anstrengung nicht verhindern können mit Anderen Hundeliebhabern zu kommunizieren.

Nie wieder werden sie einen treueren und ehrlicheren Freund an ihrer Seite haben. Die kalte nasse Schnauze eines Hundes verbreitet viel Wärme und macht die Kaltschnäuzigkeit mancher Menschen erträglicher.

Schon beim Lesen werden sie es spüren, der Humor tut das Seinige dazu.

Impressum

Ich rede dann mal wieder „Unterwegs mit einem Ironiker"

© 2013 Jürgen Wittke in Fritzlar

Herstellung und Verlag :

BoD-Books on Demand, Norderstedt

ISBN: 978-3-7322-3473-8

Bereits erschienen bei BoD

Mein Ausbruch aus dem eigenen Gefängnis

ISBN: 978-3-8482-18981

Ich rede dann mal „Unterwegs mit einem Ironiker"

ISBN:978-3-8482-2426-5

Ich rede dann mal wieder.

Als erstes möchte ich meine Leser begrüßen und sie wissen lassen dass es mich stolz macht ein so großes Interesse mit meinem ersten Buch geweckt zu haben.

Kurz vorstellen will ich mich denen die mich noch nicht kennen.

Mein Name ist Lissy und ich bin die Jack Russel-Dame welche auf dem Cover abgebildet ist. Meine Leser wissen es ja bereits und Sie haben es sicher auch sofort erkannt, unattraktiv bin ich auf jeden Fall schon mal nicht. Aber allemal charismatischer als mein Boss, der spricht übrigens fließend ironisch.

Mit dem bin ich mehr oder weniger immer zusammen, der eine kann sich ein Leben ohne den Anderen nicht mehr vorstellen.

Selbstverständlich war er sofort damit einverstanden den interessierten Leser auch weiterhin an unseren Episoden teilhaben zu lassen.

Ach was sage ich, einen größeren Gefallen hätte ihm keiner tuen können, nicht einmal seine Lebensabschnittgefährtin, mein Frauchen, mit der Zubereitung seiner Leibspeise. Übrigens seine Leibspeise sind Mehlpfannkuchen, so sah er auch aus als ich ihn das erste Mal vor 6 Jahren kennenlernte. Seine Lebensabschnittgefährtin ist sie schon über 40 Jahre und sollte es auch noch länger bleiben. Alles andere ließe ich auch nicht zu und würde sein schweres Vergehen öffentlich machen.

Ich fühle mich ausgesprochen wohl bei meiner Familie welches auch mit der Gemütlichkeit zusammenhängt. Meinem Boss seine Lebensgefährtin vollbringt Wunder mit ihrer Dekorationsfähigkeit, zum Glück wendet sie die auch bei ihm an ansonsten könnte ich mit ihm nur in der Dämmerung rausgehen. Dann hätte ich natürlich nicht so viel zu berichten, und gerade die Situationen auf unserer Strecke gestalten unser Dasein so unterhaltsam und ich werde in die Lage versetzt ihm das Gefühl zu geben gebraucht zu werden. Als philosophisch Veranlagter ist er natürlich gedanklich höchst aktiv leider körperlich den Anforderungen einer modernen Industriegesellschaft kaum noch gewachsen. Besonders viel Gedanken macht er sich wie man den häuslichen Pflichten unauffällig entgehen kann. Dass ich ihn brauche ist ihm sehr wohl bekannt denn nur er weiß wo der schmackhafteste gekochte Schinken käuflich zu erwerben ist. Für die Arbeiten im Haushalt muss er allerdings deutlich aktiviert werden, es reicht einfach nicht aus nur die Beine anzuheben wenn Frauchen mit dem Staubsauger auftaucht. Wo sollte sie dann die Zeit hernehmen sich Gedanken zu machen mit welchem ach so dringend benötigten Dingen der Konsumgesellschaft noch einmal etwas Leben eingehaucht werden kann, wenn sie die Hausarbeit alleine tätigen muss. Solange es meinem körperlichem Wohl zu Gute kommt wird kein Einwand erhoben, da kann sie sicher sein. Meine treuen Leser wissen auch dass es in unserem Heim mehr oder wenig nur um mich geht und das finde ich auch gar nicht verkehrt.

Ich habe meinen Chef schon aus manchem seelischen Tief geholt. Jedem der es gar nicht wissen will sagt er „ Kein Psychiater kann so viel bewirken wie der Kuss eines Hundes. Die kalte Schnauze eines Hundes ist allemal wärmer als die Kaltschnäuzigkeit mancher Menschen." Und genau das lässt ihn so gefügig für meine Bedürfnisse machen. Aber die Grenze des Erlaubten überschreite ich niemals dabei, er war und ist immer gut zu mir, ein Glücksfall für jeden Hund. Im Moment werfe ich ein besonderes Auge auf ihn, er wurde doch mal „Du alter Sack" betitelt, und immer wenn die gelben Säcke eigesammelt werden, welches monatlich passiert, bleibe ich sicherheitshalber in seiner Nähe. Bei einem unserer Besuche auf der Stammwiese, ein sogenannter Schnelldurchlauf für mein (Geschäft) habe ich endlich mal wieder mit zwei alten Freundinnen plaudern können. Der Alterungsprozess hinterlässt seine ersten Spuren, sie scheinen schneller zu altern als ich. Als immer nur auf die Wünsche der Rüden einzugehen hätten sie mehr an sich denken sollen aber das muss jeder Hund für sich entscheiden.

Eine ließ mich wissen dass ein Rüde aus südlichen Gefilden jetzt hier sein Zuhause hat. Seinem guten Aussehen konnte sie natürlich nicht wiederstehen und seinem Charme schon gar nicht ließ sie mich ebenfalls wissen.

„Gab es Unterschiede im Verhalten gegenüber den schon länger Ansässigen?" fragte ich sie. „Das kann ich dir nicht sagen, so schnell wie alles ging" war die ernüchternde Antwort. Nachdem ich vergeblich unauffällig nach dem Südländischen Schönling Ausschau gehalten hatte, kein Wunder wenn man so schnell ist, dem hätte ich gezeigt das nicht jede so leicht zu haben ist. Mein Boss auch niemanden ein Gespräch aufschwätzen konnte, machten wir uns relativ schnell auf den Heimweg. Wenigsten da ist es noch zu einer Unterbrechung der momentanen Monotonie gekommen. Eine jüngere Dame, das war zu erkennen obwohl sie wohl verzweifelt versucht hatte mit einer dicken Farbschicht ihr Natur gegebenes gute Aussehen zu verbergen, sagte zu meinem Herrchen „Das ist aber kein schöner Hund". Das tat mir natürlich sehr weh aber mein Boss sagte nichts darauf. Der wird ihr doch nicht beipflichten dachte ich mir. „Komm Lissy " meinte er nur „in diesem Falle lohnt die Nachfrage nicht, die hat keinen Blick für wahre Schönheit wahrscheinlich ist ihr beim Schminken etwas Farbe in die Augen gekommen."

Ein paar Schritte weiter hatte ich es schon vergessen, zumal ein Jack-Russel – Rüde mit seinen beiden Begleitern unseren Weg kreuzte. Hundehalter und Hunde waren perplex, vom Aussehen her komplett identisch wenn man mal von dem winzigen anatomischen Unterschied absah. Dem seine Adoptiveltern hatten wirklich eine gute Wahl getroffen. Natürlich musste erst einmal verkraftet werden das durchaus, was das Aussehen anbelangt, Konkurrenz vorhanden war. Das Auftreten würdevoll und angemessen, gute Erziehung also auch noch. Kein Matchogehabe, so etwas bin ich auch nicht von meinem Boss gewohnt, kein sich unsittliches nähern, es gab leider nichts zu kritisieren. Seine beiden Begleiter waren zum Unglück auch von mir angetan und gaben mir zu verstehen dass sie gegen eine Hochzeit nichts einzuwenden hätten.

Nachdem die Personalien ausgetauscht waren durfte ich schon mal zur Kenntnis nehmen dass er ein Jahr älter als ich ist, somit hatten wir schon einmal den ersten Grund eine Vermählung erst gar nicht in Betracht zu ziehen. Bei unserer kurzen Lebenserwartung zählt doch fast jeder Tag und ich möchte es nicht miterleben müssen wie meine Freundinnen hinter meinem Hinterteil mit den Pfoten auf uns zeigen. Ich höre sie schon tuscheln „Das hat sie nun davon, keiner war ihr gut genug da bleibt jetzt nur noch der alte Knabe übrig."

Ja und außerdem weiß ich auch nicht wie er sich so entwickeln würde, er frisst das Futternäpfchen leer und ich muss es sauber lecken. Vielleicht schnarcht er auch, wie oft habe ich das Schlafzimmer meiner Beiden schon wegen der Schnarchgeräusche meines Bosses verlassen müssen.

Was ist wenn beide Herren gleichzeitig schnarchen, dann müsste ich wie Frauchen ins Wohnzimmer flüchten. Zu seiner Familie würde ich sowieso nicht ziehen, ich merke doch wie sehr mich meine Beiden benötigen. Wenn ich mir vorstelle wie mein Chef für zwei Hunde die Hinterlassenschaften in Tüten füllen müsste bliebe ja keine Zeit mehr seinen Mitbürgern Dinge zu erzählen von denen die eventuell nichts hören wollen.

Meine beinahe Schwiegereltern schienen Gedanken lesen zu können, denn sie beendeten das Gespräch und zogen mit ihrem guterzogenen Jack Russel von dannen.

Telefonnummern wurden nicht ausgetauscht und somit war klar, die Zuneigung meiner Liebsten muss nicht geteilt werden.

Zuhause in meinem Hundeparadies angekommen habe ich erst einmal geschaut ob da nicht irgendwo ein Artgenosse in mein Heiligtum eingebrochen war. Es musste erst einmal der Gedanke vertrieben werden meine Freiheit eventuell zu verlieren.

Ich erinnerte mich dass ein Pudel kurze Zeit bei uns in Pension war, der hatte sich nicht wie es bei Gästen üblich ist einfach ruhig in die Ecke gesetzt und auf irgendetwas gewartet. Nein er versuchte sofort sich neben meinen Boss auf das Sofa zu setzen.

Stellen sie sich doch einmal vor ein Besucher bleibt über Nacht und legt sich unaufgefordert in ihr Bett, was da so alles passieren könnte. Bei der Gutmütigkeit meines Meisters müsste er damit rechnen dort liegenbleiben zu dürfen.

Aber sowas kann man mit mir nicht machen, ich habe meinen Boss mit Drohgebärden verteidigt, körperliche Gewalt kann und will ich nicht anwenden und da es für mich ein Heimspiel war konnte das Unternehmen als erfolgreich betrachtet werden.

Wie kann meinem Meister nur klargemacht werden dass mit seinem Übermaß an Mitleid sein Übermaß an Zuneigung mir gegenüber zu kurz kommen könnte Niemand kann sich vorstellen wie erleichtert ich war als der vierbeinige Mitbewerber abgeholt wurde, seinem Herrchen habe ich vor Freude so freundlich empfangen das er mich am liebsten mitgenommen hätte, da muss in Zukunft bei ähnlichen Situationen wesentlich mehr Zurückhaltung geübt werden.

Nach dieser, für mich schon fast schlaflosen Nacht, stand ein interessantes Ereignis vor der Tür.

Mein Boss stand wie immer recht früh auf ,was sollte er da auch tatenlos rumliegen, und nur mit einer kurzen Hose bekleidet auf dem Weg ins Bad passierte er den großen und wirklich ehrlichen Spiegel.

Es war fast ein Schrei des Entsetzens, „Mit was für einen faltigen Typ hast du denn diese Nacht verbracht "fragte er seine Lebensabschnittgefährtin für den letzten Abschnitt.

„Du kannst dich glücklich schätzen dass deine Sehkraft nachgelassen hat, das macht es wenigstens für dich erträglicher "beendete sie fürs erste die Konversation.

Nachdem er seine Falten ein wenig glatt gestreichelt hatte und die restlichen mit Kleidung bedeckt, schleppte er mich auf den Weg zum Brötchen holen mit. „Du musst unbedingt etwas Flüssigkeit ablassen "meinte er „dann können wir in aller Ruhe frühstücken ohne das ich von Schuldgefühlen befallen werde." Ich hätte durchaus noch ein Stündchen einhalten können aber zum richtig wach werden war es akzeptabel.

Vor der Bäckerei schien er schon wieder richtig wach zu sein und sein Falten vergessen zu haben.

Obwohl ich draußen war habe ich seine Sprüche vernehmen können.

Mit dem Spruch „Was für wohlgeformte Brötchen" schaffte er schon einmal die Verkäuferin richtig munter zu bekommen.

„Könnte es sein das sie Model gestanden haben?"Damit war sie endgültig an ihrem Arbeitsplatz angekommen. Der Blick von ihr schwankte zwischen –will der mich auf die Schüppe nehmen oder meint er es wirklich so.

Sie entschied sich zu ihren Gunsten für die zweite Variante und das war auch nicht unbegründet.

„Dann hätte ich gerne vier von diesen wohlgeformten Brötchen" meinte mein Boss.

Ja, dann wollen wir mal für meinen Meister hoffen dass diese Verkäuferin immer in Form bleibt und er bei den vielen Brötchen nicht seine Form restlos verliert.

Mein Boss verließ also die Bäckerei mit einem Lächeln auf den Lippen und ich freute mich schon einmal auf unser gemeinsames Frühstück.

Die Zeitung nehmend machten wir uns auf den Weg zu Frauchen. Da fiel ihm noch eine blöde Bemerkung an mich gerichtet ein.

„Ich kannte mal einen Hund der hat die Tageszeitung morgens immer geholt."

Da hatte er meinen Stolz ein wenig verletzt und ich gab ihm zu verstehen dass so etwas auch mit mir zu machen sei.

„Ja Lissy, aber sein Herrchen hatte sie nicht abonniert, und für so etwas bist du genau wie ich viel zu ehrlich. Damit war ich wieder beruhigt und nahm Platz am bereits gedeckten Tisch.

Frauchen bekam die Zeitung überreicht, mit dem versteckten Hinweis es ruhig angehen zu lassen. „Es gab heute keine Werbebeilage " log er sie das erste Mal an, es handelte sich natürlich nur um eine Schutzbehauptung zur Rettung des Finanzhaushaltes. „Für private Haushalte gibt es bis jetzt noch keinen Rettungsschirm, "ließ er uns wissen „und der Regenschirm kann diese Funktion noch nicht ersetzen."

Nur gut das sie so selten in die blaue Tonne schaut, denn kein Haushalt bekommt so wenig Werbung als der meiner Familie.

Dann wie üblich schaltete er das Radio aus mit den begleitenden Worten „Was immer du wissen möchtest, frage mich einfach. Wie das Wetter heute wird werde ich dir morgen sagen."

Sie sagte erst einmal Garnichts und ich wartete darauf endlich meine Scheibe gekochten Schinken zu bekommen.

Die Konversation kam nur zögerlich zugange, kein Wunder nach dem taktischen Hinweis nicht so viel zu sagen. Aber wie wir Frauen nun mal sind hielt der Zustand des Schweigens nicht allzu lange an.

Frauchens Mitteilungsbedürfnis war grösser als sein Wunsch nach etwas Ruhe. Nach überfliegen des politischen Teiles der Zeitung war die Zeit der Besinnung für meinen Boss und mich zu Ende.

„Hier steht das nur die Opposition in der Lage sei die eskalierende Situation in Europa in den Griff zu bekommen", ließ sie uns einfach mal so wissen.

„Dann teile dem Vorsitzenden der Opposition nach dem Frühstück mit er möchte es auch den Regierenden verraten damit Sie bis zum

Regierungswechsel schon einmal damit anfangen können, denn es herrscht Eile."

Da mir bewusst war was jetzt noch alles so kommen könnte forderte ich in meiner unwiderstehlichen Art das Frühstück an, die dürfen sich auch mal ohne mich streiten, Hauptsache nicht über mich.

Der Erfahrungsaustausch fand seinen Höhepunkt als mein Frauchen ihm mitteile warum gerade die Ehen von Menschen die immer im Rampenlicht der Öffentlichkeit stehen so gefährdet sind, wäre da zu lesen.

„Dann sollten wir Beiden froh sein immer im Schatten gestanden zu haben "antwortete er. Frauchen wollte schon die Zeitung zuklappen und die Lesestunde beenden als sie eine interessante Nachricht erblickte.

„Du hier steht das im Kreis ein älterer Mann gesucht wird der abends junge Frauen belästigt.

„Nein meinte der Scherzkeks nur, mir reicht es tagsüber schon, außerdem bin ich zu alt dafür."

Zu alt fühlte mein Boss sich scheinbar nicht einen kleinen Ausflug am selbigen Tage zu machen. An der Kleidung meiner Adoptiveltern erkannte ich natürlich sofort dass meine Anwesenheit dabei schon beschlossen war.

Es wurde eine kurze Autofahrt in eine von unseren Nachbargemeinden. Da konnten sie ihren Mitmenschen mal wieder zeigen was für einen attraktiven Hund sie haben.

Frauchen trug eines von ihren neuen Kleidern, welche sie angeblich schon längere Zeit ihr Eigentum nennt, mein Boss wie üblich die eine von den zwei Hosen welche schon jahrelang sein Eigentum sind.

Ich genoss die Blicke der Mitlebewesen auf mich, alles andere hätte mir auch zu denken gegeben. Ich genoss aber auch den Blick auf eine wunderschöne junge Frau die uns entgegen kam, das musste Neidlos anerkannt werden.

„Die trägt einen so engen Pullover das sie kaum noch atmen kann, „war Frauchens Meinung, „Und schau dir doch mal diesen tiefen Ausschnitt an."

Atmen konnte mein Meister auch kaum noch, aber sprechen. „Als junges Mädchen kannst du dir mit so einem Ausschnitt schnell einen Mann angeln, als ältere allerdings nur noch einen Schnupfen „ beruhigte mein Boss seine ehemalige Verlobte.

Das konnte Frauchen natürlich nicht auf sich sitzen lassen und konterte.

„Junge Männer möchten gerne treu sein, sind es aber oft nicht. Ältere Männer möchten gerne untreu sein, können es aber nicht, "

Diese Ohrfeige hatte gesessen und er versuchte schnell von der Realität des Daseins abzulenken. Da kam ihm das Gartencafe welches er erblickte gerade recht.

„Schaut mal was da steht-Hausgemachte Torte-, so etwas haben wir doch schon länger gesucht."

Es war sogar noch ein Tisch frei und Hunde schienen erwünscht.

Nachdem wir Platz genommen hatten ließ ich den Blick schweifen, jede Menge männliche und weibliche Artgenossen in Begleitung ihrer oft mürrisch blickenden Zweibeiner. Von so lieben

Hunden begleitet zu sein das wäre meiner Meinung nach ein Lächeln auf den Lippen wert.

Aber auch die ohne Begleitung von einem Herz auf vier Pfoten schauten nicht alle so freundlich wie meine Beiden.

Die Rechnung konnte es noch nicht verursacht haben denn die Bedienung war überfordert und kam mit dem Bedienen kaum nach.

Nachdem an unserem Tisch bereits schon über die Vorbereitungen für das Abendbrot gesprochen wurde kam auch schon die völlig überlastete weibliche Bedienung und mein Boss gab ohne Verzögerung die Bestellung auf.

„Wir würden dann ganz gerne mal zwei von den hausgemachten Tortenstückchen und zwei Kännchen Kaffee bestellen, unsere vierbeinige Begleiterin bekommt mal nichts damit sie mal weiß wie das ist wenn man nichts bekommt."

Das hat er bis jetzt noch nicht fertig gebracht und wird es aller Wahrscheinlichkeit nach hoffentlich nie fertig bringen, dachte ich mir.

Kaffee und Kuchen wurden relativ schnell serviert und das war auch gut so denn mein Boss hatte schon vorher die Gabel in der Hand.

„Dem Aussehen nach scheint die in dem gleichen Haus gemacht zu sein wie die Torte aus dem Supermarkt die wir immer für unsere Besucher holen", bemerkte Frauchens Liebhaber aus aktiveren Zeiten.

„Und der Konstanz nach zu urteilten wurde sie auch erst vor einer halben Stunde aus dem Gefrierfach geholt „stellte Frauchen nach dem ersten Bissen fest.

„Da passt es ja das der Kaffee nicht zu heiß ist sonst wäre der Kontrast zu stark" ergänzte er das interessante Gespräch.

Da er viel Verständnis für derartige Ausnahmen aufbringt kam keine Beschwerde über seine Lippen. Kurzerhand erklärte mein Meister den Kuchen zu Eistorte.

Ich lehnte natürlich die Restbrocken, welche mir von Frauchen angeboten wurden, zu Gunsten der auf mich wartenden Schinkenscheiben am Abend ab.

Nachdem meine Adoptiveltern also ihre hausgemachte Torte gelutscht hatten nach dem Motto-"lieber den Magen verrenken als dem Wirt was schenken " und der überlasteten Bedienung sogar noch ein Trinkgeld gegeben hatten, setzten wir den Spaziergang fort.

Auf der Strecke haben meine Beiden ein sehr nettes Ehepaar kennengelernt, dazu hatte ich beigetragen weil deren Hund mich begrüßen wollte. Gesprächsthema waren wir Hunde und unsere herausragenden Eigenschaften."Soll ich ihnen einmal zeigen was unserer Hund kann?" fragte die Dame nach einiger Zeit der Plauderei.

„Lieber nicht" sagte mein Chef „dann müsste ich ihnen zeigen was unsere Lissy alles nicht kann, und so viel Zeit haben wir nicht."

Ich weiß sehr wohl was er damit meinte, eine Frau wollte mir ein sogenanntes Leckerchen nur unter der Bedingung geben wenn ich auf das Wort –Sitz- reagiere.

Dieses Wort war mir natürlich fremd, und außerdem was kann es besseres geben als gekochten Schinken welchen ich auch ohne –Sitz- bekomme.

Also dieser Tag war wirklich voller Höhepunkte. Auf dem Weg zum Auto, und gedanklich schon beim Abendbrot, erblickte Frauchen ein Pärchen mittleren Alters. Das Maß der Zuneigung für einander schien sie an länger zurück liegende Zeiten zu erinnern.

„Ja so war das mit uns Beiden auch als wir uns kennengelernt haben" musste sie ihm unbedingt mitteilen.

„Bei mir ist es sogar heute noch, und die Zwei kennen sich aller Wahrscheinlichkeit nach nicht einmal so lange wie bei uns die Hochzeitsnacht gedauert hat. Da wir uns in einem Kurort befinden gelten andere Maßstäbe, hier kann unter Umständen heraus gefunden werden wie großartig es zu Hause ist."

Er weiß ja wie gut es daheim ist und kann sich den Umweg sparen.

Auf der Rückfahrt wurden wir in die Lage versetzt etwas wirklich Gutes tuen zu dürfen. Am Ortsausgang stockte der Verkehr, ein völlig verängstigter Hund mitten auf der Straße, Autos fuhren um ihn herum. Mein Chef hielt mitten auf der Straße und holte den Hund ins Auto.

Den Hintermann der ungeduldig wurde beruhigte er mit den Worten „Ich hätte auch für sie angehalten."

Mein verwirrter Artgenosse wurde schnell zutraulich, und da er keine Hundemarke trug sagte Frauchen „Dich behalten wir, dann hat Lissy einen feinen Spielkameraden."

Nicht nur ich war verwirrt über diese schnelle Adoption denn mein Leben als Einzelhund füllte mich voll aus.

„Wir fahren erst einmal in das Tierheim, und dann sehen wir weiter" meinte mein Boss.

Zu meiner großen Freude wurde der Hund schon vermisst und von seiner Familie gesucht.

Ich will ganz ehrlich sein, richtig traurig war nur Frauchen darüber, an mich scheint sie dabei nicht gedacht zu haben.

Sie hat doch außer mir und ihren Lebensabschnittgefährten für alle Abschnitte noch zwei verheiratete Kinder sowie zwei süße Enkelkinder, das müsste ihr doch reichen. Und sie sollte mal abwarten wie sich das fortgeschrittene Alter meines Bosses auswirkt, da kommt sie schneller an ein kleines hilfebedürftiges Wesen als sie ahnt.

Die Enkelkinder, was sage ich, meine Kleinen sind zu meinem Glück sehr oft bei uns. Ich würde sie am liebsten immer nur küssen aber das wird ihnen doch auf Dauer lästig. Nie wieder werden die jemanden finden der sie so liebt wie ich (außer Eltern und Großeltern natürlich) da werden es spätere Partner sehr schwer haben.

Mein Meister verwechselt jetzt schon alle Namen, einmal bin ich die Lissy, beim anderen Mal die Jennis, die Kleinste im Haus, wie sollte er da noch einen weiteren Namen behalten können.

Wenn ich Frauchen wissen lassen würde welche Herausforderungen da noch auf sie zukommen werden bezüglich ihres ehemaligen Liebhabers, würde eine Adoption jeden Rahmen sprengen.

Ich werde es natürlich erst einmal für mich behalten vielleicht tritt der Ernstfall ja auch gar nicht ein.

Neulich plauderte er bei einem unserer kurzen Gänge mit 2 Männern, ich denke mal in seinem Alter.

Es ging um eine Sache die scheinbar nur Männer betrifft, Probleme beim Wasser lassen. Dem einen Herrn dauert es angeblich zu lange und er wollte einen Arzt konsultieren.

„Warum denn das?" fragte mein Boss „Du bist doch Rentner und hast genug Zeit." „Warte mal ab bis es dich erwischt dann sind deine Schuhe eventuell nass obwohl es nicht geregnet hat" durfte er sich anhören.

Seitdem mache ich mir um Frauchens Freizeit Gedanken zumal er ja nur zwei Hosen besitzt. Einen Rüden zu dieser Problematik zu befragen macht keinen Sinn, der muss sich zu seinem Glück keiner Kleiderordnung unterwerfen.

Immer wenn wir Beiden so einen gemütlichen Rundgang durch unsere schöne Dom und

Kaiserstadt Fritzlar machen achten wir auf alle Veränderungen.

Ein im Bau befindliches großes Gesundheitszentrum mitten in der Stadt imponiert meinen Boss jedes Mal, komplette Versorgung unter einem Dach.

„Stelle dir einmal vor wir Drei könnten eine Wohnung in diesem Haus mieten und alle Arztbesuche von zu Hause erledigen."

Das fehlte mir noch, dann ginge er vielleicht gar nicht mehr aus dem Haus.

Es erstaunt mich immer wieder welchen Blödsinn er von sich gibt, beim passieren des Schönheitssaloon trat er auch gleich den Beweis an.

Die Funktion dieser Institution hatte mein Meister mir ja schon glaubhaft erklärt aber ihm war scheinbar nach mehr zu Mute.

„Hier wird der Lack der bei mir ab ist wieder aufgetragen, hier beherrscht man die Kunst aus der Not eine Jugend zu machen."

„Lissy, Frauen sollten einen Archäologen heiraten, je älter sie werden so interessanter findet er sie."

Zum Glück waren wir an der Wiese angelangt und ihm erst einmal die Sprüche ausgegangen. Dort waren zwei Pfotenballer in voller Aktion, sie müssen sich das so vorstellen.

Der große leichte Ball wird mit der Schnauze angetrieben und natürlich auch gelenkt, und das alles bei Höchstgeschwindigkeit.

Unaufgefordert beteiligte ich mich an diesem Spiel, nach kurzer Dauer, zum Erstaunen der Anwesenden Zweibeiner, spielte nur noch die Lissy.

Es ist eben meine Spezialdiszplin und mein unverbrauchter Körper gepaart mit Schnelligkeit ließen meine Spielkameraden erblassen.

Nachdem die ersten Zuschauer mich schon für die Fußball Nationalmannschaft vorschlugen und meine anwesenden Freundinnen, die mehrfachen Mütter, ihren Neid nicht mehr verbergen konnten, blies mein Boss zum Abmarsch.

Sie hätten mal sehen sollen mit welcher Arroganz ich den Platz verlassen habe, behauptete mein Trainer zu mindestens. Scheinbar konnte er es nicht ertragen mal nicht im Blickpunkt gestanden zu haben.

Wir hatten gerade ein paar Meter Richtung Sofa, meinem absoluten Lieblingsplatz, zurück gelegt als mich ein Bedürfnis überkam.

Das was ich ihnen jetzt verrate bitte keinem erzählen und auch nicht nachmachen. Mein Boss wühlte in allen Taschen nach einem Beutel für meine Hinterlassenschaft fand aber keinen.

„Lissy ich will und kann meine bloßen Hände nicht einsetzen, das musst du verstehen, bildlich gesprochen habe ich natürlich schon öfter in die Scheiße gegriffen aber das hat nicht so gerochen."

So bückte er sich und täuschte vor es aufgehoben zu haben. Er ging sogar zum Platz wo es entsorgt werden muss und warf es angeblich hinein.

Ja er genoss sogar die Blicke der Anerkennung seiner Tat. „Lissy ich verspreche so etwas nie wieder zu machen, und verrate mich bloß nicht sonst kannst du dich in Zukunft nur noch von Trockenfutter ernähren."

Die Gegenmaßnahmen so einer verwerflichen Tat kenne ich zum Glück, mein unwiderstehlicher Blick, diese Mischung aus Traurigkeit und Zuneigung haben bisher immer gewirkt.

Zu Hause wurde nichts davon erwähnt, Frauchen hätte es fertiggebracht und ihn mit einem Beutel zurück zum Tatort geschickt.

Am folgenden Tag fuhren wir mit dem Auto zu meinen Kleinen. Die Art der Vorbereitung und Namennennung hatten mir schon das Ziel der Fahrt verraten. Ein Präsent in der Hand deutete auf etwas Größeres hin und ließ meine Geschmacksnerven schon reagieren.

Schon beim aussteigen roch ich die kulinarischen Köstlichkeiten.

Meine große Hoffnung, die mir körperlich absolut überlegene Katze im Haushalt würde über ausreichend diplomatisches Geschick verfügen und mir das dringend benötigte Gefühl der Überlegenheit geben, erfüllte sich zum Teil. Selbst mit dem furchterregendsten Bellen kann ich ihr nicht imponieren um sie eventuell zu verschrecken.

Ich werde mich einfach und möglichst unauffällig in der Nähe meines Schutzpatrons aufhalten. Da bin ich mir aber auch nicht sicher ob er gegen die Krallen der Katze eine Chance hätte, nicht einmal nach 40 Jahren Eheerfahrung.

Nach dem die Begrüßung beendet war, ich muss neuerdings immer höher springen um meine Kleinen küssen zu können, ging es in den Garten.

Von der Katze werde ich jetzt als notwendiges Übel akzeptiert und so ignorieren wir uns gegenseitig.

Wenigstens beim Ballspielen mit meinen Kleinen schien ich ihr etwas Bewunderung abgewonnen zu haben.

Beim anschließenden Essen habe ich dann meinen Boss vor weiteren Gewichtszunahmen dank seiner Solidarität und meinem Appetit, bewahren können. Sein, seiner Meinung nach größtes Geschenk dieser Einladung waren angeblich die schon zur Genüge bekannten Sprüche.

„Bei der nächsten Grillparty sollte jeder etwas dazu beitragen" bekamen die Anwesenden zu hören. „ich könnte zum Beispiel den Senf besorgen."

„Den hat du doch bereits heute beigesteuert" bekam er von seiner Tochter zu hören.

Das war eine gute Antwort zum Abschluss eines schönen Katzenfreundlichen Tags im Freien.

Kaum daheim war ich auch schon auf dem Sofa und wartete gespannt darauf was mein Boss uns noch gestattet.

Meine Adoptiveltern füllen um diese Uhrzeit meistens ihre Tablettenschachteln auf, das braucht eine geraume Zeit denn waren es früher drei Kästchen, pro Person versteht sich, haben sie jetzt je 6 Kästchen zu füllen.

Die haben diese Schachteln immer bei sich wenn wir das Haus verlassen. „Das ist unser Beitrag zum Wirtschaftswachstum Lissy, für die Produktivitätssteigerung sind Frauchen und ich nicht mehr wirklich in der Lage."

Also wer noch so wie er mit meinen Bällchen werfen kann könnte durchaus auch noch eine Schüppe in die Hand nehmen.

Im Wohnzimmer, meine Beiden nehmen neuerdings nur noch den Platz welchen ich ihnen noch lasse, schlug Frauchen vor ein Glas Wein zu trinken. Unser Scherzkeks war scheinbar mit seinen Sprüchen noch nicht am Ende und meinte allen Ernstes „Bei uns kommt nie wieder ein Tropfen Alkohol auf den Tisch" schockierte er seine Gattin.

„Und warum nicht?" fragte sie verdutzt. „Weil ich beim einschenken einfach besser aufpassen werde."

Also wirklich, wir brauchten keinen Fernseher, der liefert uns die nötigen Programme. Die Sendungen mit den Textilfreien Darstellerinnen schaut er ja nur wenn Frauchen schon im Bett ist „Die müssen sich um diese Tageszeit kurz vor Bett gehen sowieso ausziehen" beantwortete mein Boss die Frage warum die nichts anhaben.

Im Schlaf redet er zum Glück nicht, so gibt es wenigstens ein paar Stunden Ruhe.

Beim Frühstück versuche ich erst dann am Tisch zu sitzen, wohlverstanden nicht auf dem Tisch, wenn alles gedeckt ist und alle Anwesenden richtig wach sind.

Neulich saßen sie Beide schweigend am Tisch , das Radio hatte mal wieder Sprechverbot auf Grund seiner Abneigung gegen nichts sagendes Gerede und zu greller Musik, so blickte ich meinen Boss fragend an.

Es handelte sich scheinbar um einen Test wie lange Frauchen schweigen konnte, welches allerdings in dem Moment durchbrochen wurde als er zu mir gerichtet sagte „Wenn Frauen schweigen soll man sie nicht unterbrechen."

Und schon ging alles seinen gewohnten heiteren Gang. „Soll ich dir noch irgendeinen Schlager vorsingen oder jetzt schon sagen was du heute Abend in den Nachrichten hören könntest?"

„Es soll ein Rettungsschirm für den bereits vorhandenen Rettungsschirm aufgespannt werden, möchte mal wissen wo die vielen großen Schirme produziert werden."

„Lissy schnappt dir deinen Boss und befreie mich einige Zeit vor seinen dringenden Empfehlungen damit ich mich selbst über den Zustand der Welt informieren kann."

Diese Gelegenheiten soll sie auch bekommen, aber in der Regel gewinnt sie keine anderen Erkenntnisse, sie ist halt nur etwas früher informiert worden.

Ja und wenn sich niemand findet dem er irgendetwas erzählen kann was angeblich von Bedeutung ist, versucht er mir etwas beizubringen welches ich angeblich noch nicht richtig beherrsche.

„Heute lerne ich dir mal wie geordnet eine Straße mit Zebrastreifen überquert wird, " durfte ich mir anhören.

Nach so vielen Jahren gemeinsamen überqueren von Straßen in denen er durch mich erst unbeschadet die andere Seite erreichte, kam mir das zu Ohren.

Nach dem wir dank meines Leitsystems das rettende Ufer erreicht hatten, kam mein Meister doch noch zu seinen scheinbar überlebensnötigen Plaudereien. Ein ihm bekanntes Ehepaar wunderte sich das er noch unter den Lebenden weilt und wollten wissen wie lange er es noch gedenkt zu bleiben.

„Das hängt von der Qualität meiner Mitmenschen ab die mir so beim überqueren einer Straße rein zufällig begegnen „warf er den Ball zurück.

„Dank ihres männlichen Begleiters werde ich mir noch etwas Zeit lassen" beleidigte mein Boss schnell mal die Dame.

Wir Beide hatten sehr wohl ihre offenkundige Abneigung gegenüber meiner allgegenwärtigen Präsenz gespürt.

Nach der leicht frostigen Verabschiedung, vor allem seitens der älteren Schönheit, der Dame, sagte mein Boss „Er ist ja ganz nett, beruflich übrigens Mathematiker also ziemlich berechenbar."

Das ist ja spannend, er ist Mathematiker und sie unberechenbar, da hat ihr Gatte eine ewig währende Aufgabe.

Sehr bald war das Geschehen wieder mitten unter uns „Wer führt denn hier wen aus?" Das ist die beliebteste Frage bei der Kontaktierung.

Die lässt sich in unserem Fall ganz klar beantworten, denn mein Boss und ich sind eine Einheit.

Hätte er vier Beine und ich wäre etwas größer könnten wir Zwillinge sein, nur sein Bellen ist Verbesserungsbedürftig.

Zum Glück ist mein Begleiter nicht der Einzige mit Sinn für Humor.

„Du siehst ja heute so mitgenommen aus „ wurde er begrüßt."Woran hast du denn erkannt das uns Jemand gebracht hat?" konterte meine Plaudertüte.

Sehr oft kommen wir bei unseren Rundgängen am Friedhof vorbei, diese Gelegenheit nutzt mein Chef gerne zur Überprüfung seiner zukünftigen Ruhestädte.

„Diesen Platz lasse ich mir freiwillig nicht mehr nehmen „ scherzte er. „Wie du soeben gehört hast vermuten mich manche schon dort."

„Vor unserer Zeit mussten die Angehörigen Geld in die Särge der Verstorbenen legen für die Zeit danach."

„Sollte das bei mir der Fall sein dann darfst du dir es einfach rausnehmen und dafür einen Scheck reinlegen, das würde mir vollkommen reichen. Das

Geld ist zum ausgeben da denn ich will nicht der Reichste auf dem Friedhof sein."

Er fühlt sich hier wirklich schon fast wie zu Hause.

Seine Kumpel, sie ahnen sicher schon wer es ist, die mit der schwachen Blase veralbern ihn schon auf Grund dessen.

„Na, machst du bereits ein Probeliegen" wurde er mal gefragt.

„Nein das ist nicht nötig ich nehme lieber Moorbäder, " scherzte mein Chef zurück.

Auf dem Heimweg zeigte er mir noch wo der Zahnarzt praktiziert zu dem er und Frauchen gehen um sich bei Bedarf behandeln zu lassen.

„Dort wurde mir schon mal ein Zahn gezogen „ verriet er mir.

Meine Nachfrage warum der Arzt so etwas macht führte zu der logischen Erklärung „Damit er auch etwas zu beißen hat."

Zu beißen gab auch für uns etwas als wir nach Hause kamen, Frauchen hatte dem Fernsehkoch einen Tag zuvor in die sauberen Töpfe geschaut um ihn einen Tag später zu überbieten.

„Du solltest diese Köche mal in deine Töpfe schauen lassen, denn dir kann keiner von Denen wirklich etwas beibringen", sagte der Boss.

Ja dem kann ich nur beipflichten, auf derart hohem Niveau wird kein Lebewesen das ich kenne, gemästet.

Und das ist im Moment vielleicht nicht das Schlechteste denn es liegt eine Einladung vom Freund meines Chefs vor, Südfrankreich heißt das Ziel.

Den Freund habe ich schon begutachten dürfen, zwei von der Sorte ergäben erst einen Boss. Ich musste zweimal hinschauen um ihn einmal zu sehen, in seiner Wohngegend scheint eine Hungersnot zu herrschen und er hat sie garantiert nicht verursacht.

Da der Ort am Mittelmeer liegt kann ich auch gleich überprüfen ob der Inhalt des Schreibens mit der Einladung auch der Wahrheit entspricht.

Und der lautete unter anderem „ Wir leben hier am Mittelmeer und haben keine Mittel mehr." Seiner Figur nach zu urteilen hat er noch untertrieben.

Und schon liefen gedanklich die ersten Vorbereitungen, seit er in dem berüchtigten Unruhestand gegangen ist benötigt er dringend Ablenkung von der Realität des Daseins.

Vor dieser Zeit betrieben meine Beiden einen Gastronomischen Betrieb im Haus, für mich eine großartige und für den Chef eine preiswerte Zeit.

Ich schaffte es dank meines starken Willen und der Unwiderstehlichkeit der Persönlichkeit, zum lebenden Inventar gekürt zu werden.

Nur ein Bruchteil der Kunden ist wegen seiner Ware gekommen, ich war der Umsatzbringer.

„Hat es ihnen geschmeckt?" fragte mein Boss die Kunden nach dem Essen."Zumindest das was ihr Hund mir noch übergelassen hat „ lauteten oft die Antworten. Ja des Öfteren habe ich mich neben die Kunden auf die Sitzbank gesetzt, unbemerkt natürlich, und kaum einer war nicht bereit zu teilen.

„Geben sie ihrem Hund nichts zu essen?" fragte ein Herr. „Warum sollte ich, nirgendwo kann meine Lissy so gut und so preiswert gesättigt werden."

„Ja dann teilen sie der Lissy mit das ich nächste Woche um dieselbe Zeit wieder komme" ließ er meinen Haupternährer wissen.

Mein Spezialität waren übrigens gebratene Hähnchen, gekochter Schinken war leider nicht im Angebot.

Ja und diese preiswerte Art der Speisung seines besten Freundes verdankt er jetzt die Möglichkeit mit den benötigten Mitteln an das Mittelmeer zu fahren.

Also durch mich ist ihm eine Aufwertung wiederfahren die ihm eigentlich schon längst zugestanden hätte.

Erst durch mein freundliches Erscheinungsbild gelingt es vielen ehemaligen Kunden eine Zuordnung zu finden."

„Ist das nicht der Hund dessen Blickes wir nicht wiederstehen konnten beim Hähnchen essen im Lokal?"

Und dafür möchte ich mich noch nachträglich bei allen lieben Menschen bedanken, ich hätte das gleiche natürlich auch für sie gemacht.

Aber jetzt zurück zu der Reise in das mir noch unbekannte Südfrankreich .Geredet wurde schon öfter in geselliger Runde und immer wieder der Spruch „Leben wie Gott in Frankreich."

Sollte es wirklich ein Land auf dieser Erde geben das seinen ansässigen Lebewesen ein noch üppigeres Dasein ermöglicht.

Das kann sich nicht einmal ein Hund vorstellen, denn nicht umsonst sind meine Vierbeinigen Freunde aus ganz Europa auf meiner Stammwiese vertreten.

Ich jedenfalls lebe wie ein Hund in Fritzlar, dass zu überbieten ist bestimmt nicht möglich und auch gar nicht notwendig.

Um uns erste Eindrücke zu verschaffen haben Frauchen und ich uns Filme aus Frankreich angeschaut, die Menschen dort machten mir einen glücklicheren Eindruck als bei uns da gilt es zu ergründen warum dem so ist.

Mein Boss versucht derweil seine französischen Sprachkenntnisse auf zu frischen. Unsere gemeinsamen Mahlzeiten stellen so langsam ein echtes Problem für seine Tischnachbarn dar.

Anstelle seine Sprachkenntnisse zu erweitern versucht er dass Wenige welches er beherrscht, uns zu vermitteln. Wir kommen gar nicht mehr zu einer genussvollen Mahlzeit alle Lebensmittel bekommen einen französischen Namen, ich weiß gar nicht mehr was ich esse.

Wofür das alles gut sein soll verstehen weder Frauchen noch ich, und er wahrscheinlich am aller wenigsten.

„Lass uns die Lebensmittel zu Hause kaufen, das machen die Niederländer ja auch, dann wissen wir wenigstens dass wir wegen deiner Sprachkenntnisse nicht verhungern müssen" lautete der überzeugende Vorschlag von Frauchen.

Bei seinem geringen Textilienbedarf wäre durchaus genügend Platz im Kofferraum. Der Tag der Hinfahrt rückte immer näher und die Qual der Vorbereitungen nahm dramatisch zu. „Schatz wir ziehen nicht um lasse bitte noch ein paar Textilien hier" versuchte mein Chef ihren Tatendrang zu bremsen.

„Es gibt sogar Ärzte dort, und sollte unser riesige Medizinbestand einen überhöhten Bedarf nicht standhalten, auch noch Apotheken."

Mein körperliches Wohl ist der Familie fast noch wichtiger und so fuhren wir auch noch zu meiner Lebensretterin, der Frau Doktor. Zu meiner und Herrchens Geldbörse Freude wurde ich für reisefähig erklärt, der garantiert strapaziösen Reise stand nun nichts mehr im Weg

Den Deckel vom Kofferraum zu schließen erwies sich als äußerst schwierig denn mein Boss hatte noch die Preise von den Raststätten an den Autobahnen im Kopf. Da wir nicht schon bei der ersten Rast verarmen wollten musste er vorbeugen, selbst Toilettenpapier befand sich unter den Vorräten.

Die grobe Fahrtrichtung war ihm angeblich noch bekannt „auf dieser Reise benötige ich absolut keine Navigationshilfe, ich kenne die Strecke noch vom letzten Mal" versuchte er uns glaubhaft zu machen. Er hatte natürlich schon vergessen dass es 3 Jahre zurück lag und es noch nicht einmal ohne Frauchens Hilfe nach Berlin geschafft hatte.

„Wo ich einmal war finde ich immer wieder hin" lautete die lapidare Begründung. Das wiederum bedeutete für Frauchen und mich das wir unser Ziel niemals in der geplanten Zeit erreichen würden.

„Ich habe für das Unterhaltungsprogramm einige neue Lieder in mein Repertoire eingebaut" schockierte er uns noch zusätzlich.

Das war sein voller Ernst und uns blieb nur noch die Hoffnung auf eine Entzündung seiner Stimmbänder. Frauchen hatte sich zur Sicherheit mit einigen Illustrierten welche sich mit den Missständen an den Europäischen König Häusern und den gescheiterten Ehen sogenannter Prominente beschäftigen, eingedeckt. Eine Scheidungsgeschichte interessiert sie besonders, das Paar kannte sich vor der Vermählung schon über 4 Wochen aber schon 2 Wochen nach der Hochzeit hatte man sich schon auseinander gelebt.

Über die näheren Umstände darf sich jetzt der Leser dieser Zeitschrift informieren.

„Es wäre besser gewesen 1 Monat später zu heiraten" meinte ihr Ehemann seit über 40 Jahren. „Dann hätten sie es zumindest auf 8 Wochen Kennenlernen Zeit gebracht."

Ich habe zum Glück immer einen Kauknochen dabei das macht den akustischen Schmerz erträglicher.

Schon beim ersten Autobahnkreuz verging ihm das Singen, er pfiff, allerdings nur aus dem letzten Loch.

„Da ich schon ahnte was da kommen wird habe ich einen Streckenplan ausgedruckt" brachte Frauchen seine sogenannten Gesangkünste wieder an die Oberfläche.

„Das wäre nun aber wirklich nicht nötig gewesen" versuchte er sein Selbstwertgefühl zu stabilisieren.

Bei der ersten Rast trat er gleich den Beweis an warum Privathaushalte weniger überschuldet sind als Staatshaushalte.

Mein erster Blick galt dem Kofferraum, ich atmete auf, so weit geht er also doch nicht, die Toilettenpapierrolle blieb im Auto.

Nicht ein einziger Hund hätte mir geglaubt wenn er das gemacht hätte was ich befürchtete. Die Raststätte würdigte er natürlich keines Blickes „Selbst unser Essen aus dem Kofferraum ist qualitativ von der Raststätte nicht zu überbieten." Ja und wem er das verdankt muss nicht noch erwähnt werden.

Eine kurze Kontaktierung mit einem männlichen Artgenossen beinhaltete das übliche beschnuppern, das bei mir jegliche Annäherungsversuche scheitern würden hatte dieser intelligente Kerl scheinbar sofort erkannt, die Freude bei der Ablehnung seiner Offerte gönnte er mir nicht.

Da die Tour an einem Tag nicht zu schaffen war suchten wir auf halber Strecke eine preiswerte Übernachtungsmöglichkeit, wenn möglich noch auf deutscher Seite. Da mein Meister aber alles zu teuer fand sollte ein Motel in Frankreich die Haushaltskasse entlasten helfen.

Plötzlich parkte mein Boss und sagte zu mir „Hier mussten sich Reisende vor einigen Jahren noch einer genauen Untersuchung unterziehen, du hättest beweisen müssen das du nicht gewalttätig, krank oder Mittellos bist, alles das verdanken wir dem vereinten Europa."

Mir brauchte er es nicht unbedingt erzählen, wir Hunde haben schon vor den Menschen die Sprache vereinheitlicht und Grenzen kannten wir auch nicht.

Nachdem wir bei der Motel Suche mehr für Benzin ausgegeben hatten als beim Übernachtungspreis gespart, kam die Ernüchterung. „ Wir nehmen das nächste Motel, und damit basta" beendete Frauchen jegliche weitere Diskussion.

So übernachteten wir dann in einem kleinen Motel in einer kleinen französischen Stadt.

Ohne Übersetzungshilfe gelang es meinem Boss nach Ausgrabung seines gesamten Sprachschatzes ein Zimmer zu buchen.

Der Preis schien im Vergleich klein, aber das Zimmer war noch kleiner. So stelle ich mir eine Legebatterie für Hühner vor, wahrscheinlich eine

Strafe dafür dass er mit Hühnern seinen Lebensunterhalt verdient hat.

Entkleiden konnte sich nur Einer, der Andere musste aus Platzgründen auf dem Bett liegen. Wir hätten im Auto übernachten sollen da wäre mehr Platz gewesen aber nicht einmal mein Allwissender Meister konnte ahnen das es überhaupt so kleine Schlafbatterien gibt.

„Schau mal aus dem Fenster ob das Auto noch da ist " verängstigte Frauchen ihren Gatten. „Das würde ich gerne machen aber man hat vergessen hier Fenster einzubauen "erschrak er sie wiederum.

Diese Art Zimmer wären für seinen ausgemergelten Freund ideal da zählt jedes Kilogramm Körpergewicht.

Zu Unserer Überraschung war das Frühstücksangebot grösser als das Zimmer und das Herz der Angestellten auch, sie mochten mich.

So wurden wir in die Lage versetzt unsere Reise ausgeschlafen und gut gesättigt fort zu setzen.

Nach der Drohung von Frauchen im Auto „Das hast du mit Uns zum letzten Mal gemacht " grinste der Geizhals sogar noch.

Das wiederum verging ihm ganz schnell als er bemerkte wie die Franzosen versuchen an die benötigten Mittel zu kommen. Straßenbenutzungsgebühr nennt sich diese Piraterie.

„Und ich dachte die Raubritter wären ausgestorben" stöhnte mein Meister, also gibt es sehr wohl eine Reinkarnation."

Aber wir bemerkten auch bei dem ersten Rastplatz dass es eine lohnende Investition ist. Alles was eine Familie mit Kindern und Hund benötigt fanden wir vor, derartiges habe ich in dem deutschen Teil Europas noch nicht gesehen.

Auch bleibt meinem Freund auf zwei Beinen die Peinlichkeit erspart unsere Wiesen für seine Zwecke zu missbrauchen, Toilettenbenutzung einschließlich Papier ist schon in der Straßenbenutzungsgebühr enthalten.

Ich nehme mal an das er das Toilettenpapier wieder mit nach Hause nehmen wird um dort die Rolle auf die angegebene Blattzahl zu überprüfen.

Leute an dem liegt es garantiert nicht wenn der Berg der Überschuldung nicht einmal mehr von einem Flugzeug überflogen werden kann, nur für mich ist ihm nichts zu teuer. Sein Lieblingsspruch lautet nicht umsonst „Wahrer Reichtum ist die Armut an Bedürfnissen". Diesbezüglich ist mein Chef bettelarm, seine zwei Hosen beweisen es ja zur Genüge. Arm ist nicht der, der wenig hat sondern der, der nicht genug bekommen kann.

Nachdem wir uns noch einige Male verfahren hatten „Ich will euch nur die Gelegenheit geben die Landschaft optisch zu genießen" Frauchen schon befürchtete gleich in Spanien zu sein, fanden wir die benötigte Orientierungshilfe.

Noch vor Einbruch der Dunkelheit, allerdings 7 Stunden später als geplant, erreichten wir unser Ziel. Der Gastgeber wartete schon, er war noch dünner geworden seit ihn in das letzte Mal gesehen habe.

Am nächsten Morgen konnte ich feststellen in welcher herrlichen Gegend wir uns befanden. Umzingelt von Weinbergen und als Nachbar einen Winzer der uns für 5 Liter Rotwein weniger Geld abnahm als Restaurants für 0.25 Liter Mineralwasser.

Bei diesen Kampfpreisen befürchtete ich schon dass mein Boss für immer hier bleiben will.

Nein das wird natürlich nicht passieren, ohne sein Fritzlar und die Menschen die er ungestraft belästigen darf kann er nicht überleben.

Hier hat er diesbezüglich noch Probleme, alles dünn besiedelt und außer seinem Freund spricht keiner unsere Heimatsprache.

Dieses prachtvolle Anwesen in der noch prachtvolleren Natur ermöglichte mir Kleinlebewesen kennen zu lernen die ich noch gar nicht kannte. Die waren so klein das meine Beiden sie nicht mal erblicken konnten.

Wenn sie gewusst hätten mit wem die so alles im Bett gelegen haben wären sie nicht so guter Dinge gewesen.

Wir lernten auch schnell die französische Küche zu schätzen, hier taucht man seine belegten Weißbrote in die riesige Kaffee-Tasse ein was den gewaltigen Vorteil beinhaltet den Belag trinken zu können.

Ich finde es praktisch, vor allem für die Zeit der Zahnlosigkeit allerdings hätten die Zahnärzte hier nichts zu beißen, was ja auch zumindest beim Frühstück nicht zwingend notwendig ist.

Natürlich änderte sich diese Art der Nahrungsaufnahme bei den anderen Mahlzeiten welche mit diesem unglaublich guten und preiswerten Wein runtergespült werden.
Gekochter Schinken stand leider in dieser Epoche nicht auf meinem Speiseplan, aber ich war schon einmal froh dass ich keinen Wein trinken musste und es zu meinem Erstaunen auch Trinkwasser gab.

Die ersten Tage wurden von meinem Boss und seinem Freund dafür genutzt die angeblich besseren Zeiten von Damals in Erinnerung zu rufen.

Die Beiden müssen ihrem erzählen nach ja tolle Hechte gewesen sein, angeblich konnte ihnen keine

Frau wiederstehen, wahrscheinlich ist er deshalb in diese Frauenarme Gegend gezogen.

Ich persönlich glaube die beichten sich gegenseitig diese angeblichen Jugendsünden weil sie es beim nächsten Beisammensein schon nicht mehr daran erinnern können.

Frauchen hatte sich derweil von der Sonne verwöhnen lassen, die hat im Gegensatz zu ihrem Gatten noch nicht an Kraft verloren.

Leider war die Zahl der männlichen Vierbeiner, welchen ich hätte zeigen können was ihnen so entgeht, äußerst dünn gesät.

Wie auch, die halten sich ja auch fast alle in unseren Regionen auf wie auf meiner Stammwiese zu erfahren war.

Bei unserem ersten Einkauf in einem Supermarkt, Mein Boss und ich warteten natürlich auf dem Parkplatz, ließ Frauchen uns lange warten.

„Donnerwetter " sagte sie bei der Rückkehr „die Franzosen müssen mehr Geld verdienen als wir, preiswert sind die Lebensmittel wahrlich nicht."

„Und warum hast du trotzdem so hochwertige Lebensmittel eingekauft"? wollte unser Sparfuchs gerne wissen.

„Ich habe zu spät erkannt dass die Preise für 100 Gramm ausgezeichnet sind, wollte Euch schon fragen ob wir für immer hier bleiben sollten."

Selbst bei einem Kilogramm Preis würde ich nicht für immer bleiben, notfalls wäre ich auch mit Hundefutter zufrieden denn gegen Heimweh ist kein Preis gewachsen. Bei dem geringen Appetit unseres Gastgebers spielen die Preise auch keine Rolle und vor allem bei der Frauen Knappheit in seiner Region braucht ihm auch keine nicht zu wiederstehen.

Ausflüge mit dem Auto an das nahe gelegene Mittelmeer waren ein besonderes Vergnügen. „Die nehmen hier keine Rücksicht auf Ortsunkundige" beschwerte sich mein Frauchen bei der Fahrt."Die Fahrer dieser Fahrzeuge wollen nur beweisen das französische Autos auch funktionsfähig sind" beruhigte ihr Gatte sie in seiner gewohnt gleichgültigen Art.

Am Strand fühlten wir uns wie zu Hause, da konnte mein Boss seine wenigen französischen Sprachkenntnisse nicht mehr anbringen, hier war die Heimatsprache angesagt.

„Gut dass wir hier sind " meinte er „denn zu Hause scheint keiner mehr zu sein."

„Keine Sorge, sobald der Doktor oder das Geld rufen sind wir Alle wieder daheim "konnte Frauchen mich beruhigen.

Außerdem ist das Wasser vom Mittelmeer genau so nass wie das von der Ostsee. Meine von der Natur gegebene Schönheit ist hier allerdings nicht in berechtigtem Maße gewürdigt worden, die weibliche Konkurrenz war einfach zu stark.

„Dein Freund hat uns für heute in ein sogenanntes Gourmet –Restaurant eingeladen " wurde meinem Chef von seiner Herzallerliebsten mitgeteilt "deshalb sollten wir vorher nicht zu viel essen."

Ja und das erwies sich im Nachherein als ein großer Fehler. Auch Hunde wurden in dem Restaurant geduldet, das überraschte mich bei der noblen Einrichtung.

„Warum sind die Preise nicht ersichtlich?" war mein Boss überrascht.

„Wer hier einkehrt dem ist kein Preis zu hoch" sagte sein Freund. Dann ist es ja für meinen Boss eigentlich nicht der richtige Ort, aber wir waren eingeladen und da macht er dem Gastgeber zu liebe schon mal eine Ausnahme.

Ich wurde wie eine Prinzessin behandelt, bekam eine Decke. Wasser und Nahrung in Goldschüsseln serviert. Was ich dort gegessen habe weiß ich nicht, aber es können unmöglich die Reste von den Gästen gewesen sein denn auf den riesigen Tellern war mit bloßem Auge so gut wie nichts zu sehen.

Von diesen großen Tellern wurden logischerweise viele gereicht, bei allen das gleiche Bild. Das Wenige wurde dafür mit viel Wein runtergespült. Es ist eindeutig, in diesem Restaurant kommt am besten das Porzellan zur Geltung.

Jedenfalls wurde mir klar warum unser Gastgeber so schlank ist, der muss hier Dauerkunde sein. Ich bin der Meinung er könnte auch für viel weniger Geld genau so wenig zu Hause essen. Und wie man mittellos werden kann bewies er beim begleichen der Rechnung.

„Ich muss schon sagen" teilte mir mein Chef mit „die großen Teller werden hier ganz schön zweckentfremdet, aber jetzt lass uns irgendwo etwas Sättigendes zu uns nehmen."

„Hat es euch denn nicht geschmeckt? "wollte der Gastgeber unserem Hunger nach zu urteilen, wissen.

„Es war ja nichts auf den Tellern womit man es hätte testen können" schockierte Herrchen unseren Gastgeber.

Da bekomme ich ja daheim mehr zum Frühstück als wir zu viert gegessen haben. Aber es ging natürlich nicht nur ums Essen, auch an der Natur konnten wir uns nicht satt sehen. Und über die Menschen die wir während unseres Aufenthaltes trafen kann nur Positives verbreitet werden so schließe ich mich den Worten meines Bosses an die da lauten „Lange lebe das vereinte Europa".

„Ich hoffe sehr dass es euch bei mir gefällt und würde mich freuen wenn ihr noch etwas länger bleiben würdet" versuchte der Gastgeber verzweifelt heraus zu finden wann der Tag der Erlösung von einem Ehepaar mit gutaussehendem Hund sich nähern würde.

„So leid es uns für dich tut, unser Heimwehe ist nur noch bis zum Ende der Woche zu unterdrücken" erfreute er seinen Freund.

Aber natürlich auch mich, kann es nicht erwarten meinen Freundinnen und mehrfachen Müttern fälschlicherweise zu erzählen, wie anstrengend es für mich war der vielen Liebeshungrigen Rüden zu erwehren.

So schauten wir uns noch zwei weitere Tage an auf welche für uns ungewöhnliche Weise ein Frühstück auch getrunken werden kann, und freuten uns wie üblich auf das, wo vor wie von zu Hause geflüchtet waren, den Alltagstrott.

„Die Rückfahrt stellt für mich Navigationstechnisch absolut kein Problem dar. „ Das konnte nur unser sogenanntes Familienoberhaupt von sich gegeben haben.

Der hat schon nach 14 Tagen vergessen dass er diesbezüglich alles vergisst.

Da mein Frauchen aber nicht vergessen hat wie schnell er alles vergisst, machte ich mir keine Sorgen. Nur langsam glaube ich er sollte sich meine Marken mit den nötigen Daten der Zuordnung um den Hals legen, immer kann er mit meiner Präsenz nicht rechnen.

So bekommen wir ihn im Notfall zurück, seine Betreuung kann Niemandem außer Frauchen und mir zugemutet werden.

Das benötigte Geld für die Raubritter der Straßen hatte er sich schon einmal zu Recht gelegt, Solche Dinge vergisst er seltsamer Weise noch nicht, genau so wenig wie das Versprechen bei seiner Trauung „Bis das der Tod euch scheidet.

Und mein Frauchen versucht durch ihre Wachsamkeit ihn nicht Vorzeitig von diesem zu entbinden.   Den ersten Schock auf der Rückreise verursachte das Betanken des Autos. „Hier brauchen die französischen Rentner nicht so lange zur Finanzierung der eigenen Rente über die Benzinpreise sinnlos durch die Gegend zu fahren, der Benzinpreis stellt den Unsrigen eindeutig in den Schatten."

Zu Frauchens und meiner Entlastung durch seine Meckereien, tragen natürlich diese tollen Rastplätze und vor allem der kostenlose Toilettenbesuch einschließlich Papier, bei. Der bringt es wirklich fertig notfalls nichts zu essen nur um sich einen kostenpflichtigen Toilettenbesuch zu ersparen.

„Du hättest Finanzminister werden sollen" war Frauchen der Meinung.

„Dann wären wir aber in Europa das einigste Land ohne Schulden, und das ist einfach zu provokant." Hauptsache er fängt nicht mit dem Sparen beim Tierschutz an, ansonsten verliert die Menschheit ihre wahren Freunde.

Wie sagt doch mein bester Freund gerne „Macht nichts, wenn alle Stricke reißen dann hänge ich mich eben auf."

Das kann er immer noch machen wenn er mehrfach nach Hause gebracht werden musste ohne meine Begleitung.

Aber im Moment sieht es so aus als wenn Frauchen und ich den Strick benötigen, er hat seine Drohung wahrgemacht und singt."

Angeblich der Chanson einer französischen Sängerin, wir können es leider nicht wiederlegen aber davon hätte mein Boss garantiert kein Lied verkauft. Die Zuhörer hätten ihm Blumen zugeworfen, allerdings mit den Töpfen dran.

Ja was mein Boss sich vormacht macht ihm so schnell keiner nach.

Aber zum Glück wurde dieser unverkäufliche Gesang durch jede Menge Mautstationen zwangsweise unterbrochen „Bei der Häufigkeit der Bezahlung kannst du nur eine Geldbörse mit Klettverschluss gebrauchen, kein Reißverschluss würde diesen Anforderungen standhalten" erregte mein Boss sich selbst auf der Rückfahrt. „Die müssen hier ein noch größeres Loch im Staatssäckel haben als bei uns."

„Da wir aber nicht nur Löcher von Staatshaushalten füllen können werden wir eine Rast machen um unser Loch im Magen zu füllen."

Das fanden wir eine gute Idee, zumal es einen Fast-Food Betreiber –fast ein Essen- gab der mit einer Mexikanischen Woche warb. Das Essen war gut nur der Bezug zu Mexico war nicht erkennbar.

„Da ist vielleicht ein Mexikaner in der Küche „vermutete Frauchen.

„Wenn du einen Mohrenkopf isst hat es auch nichts mit einem Mohr zu tun, rede dir doch einfach ein das die Maiskörner im Essen für Mexiko stehen" lieferte mein Chef eine glaubhafte Erklärung ab.

„Vergesst bitte nicht den letzten Toilettenbesuch auf französischer Seite, wir überschreiten bald die nicht sichtbare Grenze" glaubte er noch erwähnen zu müssen.

„Woran werden wir das erkennen?" wollte Frauchen noch gerne wissen.

„Am besten, wenn du an den Parkplätzen die Männer mit dem Rücken zu dir gewandt an den Bäumen und Sträuchern stehen siehst."

Das ist mir ja zur Genüge von ihm bekannt, nur gut dass wir daheim auf dem Freisitz keine Sträucher haben.

Nach einer weiteren Übernachtung, diesmal in keiner Legebatterie, erreichten wir körperlich unbeschadet die Heimat.

Hier konnten Frauchen und ich uns erst einmal von seinen zwingenden Empfehlungen und Ratschlägen erholen.

Während wir uns einen Westernfilm anschauten, dort werden Männer wie er meistens erschossen, wühlte unser Hausherr in der Post rum.

Und wieder einmal zählte er zu den glücklichen Gewinnern, diesmal eine Flugreise in die Türkei für zwei Personen und eine Busfahrt mit so vielen Personen wie in einen Bus reingehen ,es sollen so viele Mitbürger als möglich sich davon überzeugen können wie üppig und unaufgefordert Geschenke verteilt werden.

„Mein einziger wahrer Gewinn seid ihr Beiden" schmeichelte er uns."Gewinnen tuen nur die welche die Gewinne versprechen, und außerdem bekommt uns keiner mehr so schnell weg von hier.
"

Überrascht war er jedoch von einer ausgezeichneten Geschäftsidee, er sollte einen Betrag überweisen für telepathische Beratung. „Da ist es doch tatsächlich jemandem gelungen in mein Gedankengut einzudringen, und er bringt es auch noch fertig für einen unaufgeforderten Zugang eine Rechnung zu erstellen, alle Achtung."

„Wie wirst du darauf reagieren"? fragte seine Gattin erschüttert. „Ich habe ihm gerade telepathisch eine Gegenrechnung erstellt, andernfalls würde ich Anzeige wegen Verletzung des Postgeheimnisses erstatten."

Da will ich hoffen dass er auch die benötigten Überweisungsunterlagen telepathisch übermittelt hat, so wäre mein gekochter Schinken auch langfristig gesichert.

Gesichert war auf jeden Fall schon einmal meine Ruhe, das Auffüllen der Medizin-und Lebensmittelbestände sowie die Berichterstattungen über unseren Frankreichbesuch gaben ihnen die einzigartige Gelegenheit dem Dasein den benötigten Sinn zu geben.

In aller Ruhe ließ ich unseren tollen Ausflug Revue passieren, wir Drei haben wieder neue Energie tanken können und das war nötig denn mein Beschützer legt sehr viel Wert darauf dass wir nicht in Routine verfallen.

„Wenn ich schon eurer Meinung nach Blödsinn verbreite sollte er sich zumindest nicht ständig wiederholen „ waren seine Worte. „Es ist ein verlorener Tag an dem man nicht gelacht hat, den wo gibt es eine bessere Möglichkeit mit dem Leben fertig zu werden. Wer keinen Spaß versteht den kann man nicht ernst nehmen."

Ja dann sollte ich mich wieder mal auf der Stammwiese sehen lassen und meine Artgenossen abfragen welchen Spaß die denn so während meiner Abwesenheit hatten.

Hoffentlich nicht das was mein Meister mir mal sagte „Lissy wie schnell wird aus Spaß ernst und nach einigen Monaten kann Ernst bellen." Nicht eines seiner zwei Kinder heißt Ernst, es scheint als wenn er nie Spaß gehabt hat.

Meine Freundinnen angeblich auch nicht, der Südländer hat das Selbstvertrauen der vorher

Ansässigen stark verringert. Das bedeutet hier herrscht ganz offensichtlich Aufklärungsbedarf, Schnelligkeit kann letztendlich Ausdauer nicht aus dem Rennen werfen. Wenn ich erst einmal Aufklärungsarbeit geleistet habe wird auch die Normalität wieder einkehren, wir leben nun einmal in einer Leistungsgesellschaft da kann sich jede ihren leistungsfähigsten Rüden leisten.

Obwohl ich diesbezüglich nur Theoretikerin bin dürfen die Praktikerinnen mir durchaus Glauben schenken.

Die wohlhabenden Zweibeiner erklären den nicht Wohlhabenden ja schließlich auch wie man am besten mit der Armut umgehen muss.

Es tummelten sich viele Vierbeiner auf meiner Stammwiese rum und es kam natürlich zu dem üblichen Erfahrungsaustausch.

Meine Familie fährt nur in die Berge glaubte eine aufgedonnerte und geföhnte Hundedame mir mitteilen zu müssen, wir mögen das Meer nicht.

Wahrscheinlich hatte sie mal nach dem Duschen in einen Spiegel geschaut und sich ungestylt nicht mehr wiedererkannt, da bleiben ja auch nur noch die Berge übrig. Und die Schminke würde außerdem auch noch verlaufen, das wiederum könnte ihr in Westernfilmen mit Indianern zu einer Gastrolle als Hund auf Kriegspfad verhelfen.

Was einige unter uns für ihr Äußeres tun könnte einen Gebrauchtwagenhändler schon hinter Gitter bringen.

Das sind die Momente wo einem bewusst gemacht wird das wahre Schönheit von Innen kommt und keiner Restauration bedarf.

Das war schon in dem Moment erkennbar als unser Playboy der Wiese ein wiederholtes Mal versuchte mein Nein zu ergründen. Ich erinnerte mich sofort an die Worte meines besten Freundes „Lissy ein weibliches Wesen das ihr Nein auch noch begründet hat es bereits halb zurück genommen."

Und zwei Mal nein soll ja bekanntlich ja bedeuten, und da mein Boss keinen gesteigerten Wert auf Schwiegerhunde legt trabte ich Kommentarlos weiter.

Und da zeigte sich wieder einmal die tierische Größe, unser Wiesen- Playboy akzeptierte leider meine Entscheidung welche für ihn ja zu keinem Entzug führte, meine mehrfachen Mütter leisten gerne Hilfe.

Nachdem wie uns gegenseitig lange genug etwas vorgemacht hatten und mein Boss seinem Blasengeschädigtem Bekannten die immer noch trockenen Schuhe präsentiert hatte, machten wir uns auf den Heimweg.

Es wurden Gäste für den Abend erwartet, noch wusste nicht jeder dass wir in Frankreich waren.

Eine alte Bekannte mit ihrem Herrchen sprach mich noch auf dem Marktplatz, unserem Kommunikationszentrum, an. Hier erfährt man in der Regel das Aktuellste.

„Ist dein Herrchen auch so ein Angsthase wie meiner"? wollte sie wissen. „Wie kommst du denn darauf?" fragte ich sie.

„Wenn mein Frauchen verreist ist hat er derart große Angst dass wir bei der Nachbarin schlafen müssen."

Also bei derartigen Angstzuständen müsste ich mit meinem Boss schon ein paar Straßenzüge weiter übernachten.

Die Besucher sollten natürlich mit französischem Ambiente empfangen werden, so brachten wir auf dem Weg einige Baguettes mit. In Anbetracht dessen das wir im Haus keine großen Tassen haben und mein Boss auch nicht beabsichtigte welche zu erwerben, brauchte ich mir zum Glück für unsere Zahnärzte und deren Existenz keine Sorgen zu machen.

Französischer Käse aus heimatlichem Supermarkt befand sich auch in unserem Kühlschrank und von dem preiswerten Winzer hatten wir einige 5 Liter Kanister Rotwein mit gebracht.

Mir blieb im Interesse der Besucher nur zu hoffen übrig dass er sie nicht mit dem uns zur Genüge bekannten Chanson empfängt und den Rotwein zumindest vor Verzehr in Karaffen abfüllt.

Er hielt sich wirklich an die im Moment gültigen Anstandsregeln, der Wein in einer Karaffe, das Baguette und der französische Käse aus Deutschland bereits auf dem Tisch an welchem die

Gäste begleitend von seinen ironischen Sprüchen platziert wurden.

Es erwies sich als ein äußerst kommunikativer Abend, zumindest aus Sicht meines Ironikers.

„Wer von uns noch nicht in Paris war dem sind zumindest seine Einwohner, die Pariser ein Begriff", regte er die Gäste zum nachdenken an.

„Wir waren zwar weiter südlich, aber dort sehen die Menschen gleich nach dem aufstehen ähnlich aus als hier" ließ er gleich jegliche Diskriminierung im Keim ersticken.

Ja das kann ich nur bestätigen, meine Artgenossen in Frankreich auch.

Zum Schluss dieses schönen Abends war es meinem Freund auf nur zwei Beinen gelungen die überzeugende Nachricht zu verbreiten, ob Mensch oder Tier, egal wo, alle sind von dem gleichen Wunsch erfüllt ein würdiges Dasein führen zu dürfen. Und dazu gehört die Bereitschaft der gegenseitigen Akzeptanz und des Teilens.

Man trennte sich bester Stimmung, wussten die Besucher doch endlich dank unserer Hilfe das das

Leben überall stattfindet und Käse, Baguette und preiswerter Rotwein durchaus ausreichend sein können um satt und zufrieden den vielleicht nächsten Tag freudig begrüßen zu dürfen.

Die Redewendung „leben wie Gott in Frankreich " wäre somit erklärt, Frankreich kann überall sein.

Wenn sich erst einmal rumgesprochen hat das wir Beide wieder in heimischen Gefilden sind dürften auf unserer Strecke mehr Auswertige als Ortsansässige anzutreffen sein, aber wie schon bekannt mein Boss macht keine Unterschiede bei der Kontaktierung.

„Wo befindet sich das Finanzamt?" wollte ein uns noch unbekannter Herr wissen.

„Die Richtung stimmt schon "klärte ihn mein Boss auf „Wenn sie die ersten Menschen auf der Strecke sagen hören „ Denen habe ich es aber gegeben" ist es nicht mehr weit.

Etwas weiter mussten wir aber, eine große Wiese die es meinem antiautoritären Erzieher ermöglicht seine neu erworbene Wurfmaschine zu testen war unser Ziel.

Am Tatort angelangt ging es zur Sache, allerdings mehr für mich als für ihn. Nicht einmal bücken ist für den Werfer von Nöten, katapultähnlich wird der Ball weit weggefedert. Bei denen die dem Ball hinterher rennen wird es zu frühzeitiger Arthrose führen, beim Werfer allerdings zu Bewegungsmangel. Um meinen Boss wiederum vor den Spätfolgen der Bewegungsarmut zu schützen habe ich ihm nur jeden zweiten Ball zurückgebracht, so kam er trotzt modernster Technik doch noch zu seinen Trainingseinheiten.

Sehr wichtig, und das möchte ich alle Artgenossen wissen lassen ist es dem Werfer das Gefühl der Dominanz zu lassen.

Der Slogan sollte lauten „Herrchen, ich folge dir wohin ich will."

Und ich wollte ihm in den nahe gelegenen Biergarten folgen. Die Kenner meines ersten Berichtes wissen es ja bereits, dort bekommt man wenig Bier für viel Geld. Nicht einmal mehr dafür braucht es einen Ausflug in ferne Länder, die Vereinigung schreitet in großen Schritten voran. Ich erinnerte mich noch an unseren letzten Besuch im gleichen Biergarten wo ich ein unmoralisches Angebot eines am Nachbartisch liegenden Rüden bekam, dieses Glück hatte ich diesmal nicht.

Eigentlich schade, wer weiß wie lange mein Aussehen Ablehnungen dieser Art noch ermöglicht. Ich denke manchmal über die Worte einer Freundin nach, die sagte zu mir „Du wirst im Alter die Sünden mal bereuen die du in der Jugend nicht begangen hast." Sie wird auf jeden Fall nichts zu bereuen haben.

Mein Chef ließ mich Wissen was geschehen könnte „Wenn Frauen verblühen dann verduften manche Männer."

Da stell ich mir natürlich die berechtigte Frage welche noch nicht verblühte Frau so einen überhaupt will.

Diese Konsequenz ist meinem verblühten Boss auch bewusst, so belässt er es beim wollen denn das Können ist ihm nach eigener Aussage ja schon genommen worden.

Nicht gänzlich wurde ihm seine Sehkraft genommen, denn die überprüfte er bei einer Schönheit welche einen ganz kurzen Rock trug.

Meinen strafenden Blick erkennend folgte auch sofort die Erklärung für die unangebrachte Handlung „ich versuche durch meinen Blick lediglich zu entdecken welche inneren Werte sich dort verstecken."

Seine Blicke galten trotzt seines Fettdepots auch der Speisekarte, meine warnenden Blicke ignorierte er. Beim begleichen der Rechnung offenbarte sich warum „Ich komme gleich" reagierte die weibliche Bedienung auf sein Zeichen.

Was sie dann auch tat „Was hatten sie denn" fragte die lächelnde Bedienung.

„Das weiß nur der Koch" meinte mein Spaßvogel „Bestellt hatte ich ein Steak".

Da musste selbst der am Nachbartisch sitzende mürrisch blickende Herr lächeln. Und schon war klar, hier würde wieder einmal ein Gedankenaustausch stattfinden.

„Was ist der Grund ihrer offensichtlich negativ wirkenden Stimmung" wollte mein gar nicht neugieriger Boss unverschämter Weise wissen.

„Meine Frau will einen Monat nicht mehr mit mir sprechen „klagte er meiner Plaudertasche sein Leid.

„Das kann unter Umständen doch durchaus entlastend für alle Beteiligten sein" ließ ihn sein Seelenverwandter wissen.

„Tut es auch „antwortete er. Womit wir auch schon die Ursache kennen, der Monat scheint zur Neige zu gehen.

Ja da hatte ich an dem Tag zwei Ironiker auf einmal neben mir sitzen gehabt"

„Ich glaubte bei der Heirat eine Frau zu haben mit der man Pferde stehlen kann, meine Frau will neuerdings mit mir höchstens Autos kaufen" setzte der endlich lächelnde noch einen drauf.

Wenn es nicht Zeit für mein Nachmittagsschläfchen gewesen wäre hätte ich diese Sprüche noch ein wenig länger über mich ergehen lassen, aber die Befürchtung dass mein Frauchen auch noch Objekt derartiger Gespräche wird, ließ mich zum Aufbruch bellen.

Vorher mussten der nun fröhliche Herr und ich seinen Schlusssatz ertragen der da lautete „Die Welt scheinbar besser zu machen schafft man nie, durch kommt man am besten mit meiner Ironie."

Durchgekommen ist er an diesem Abend allerdings nicht mit seinem Fernsehproramm. „Heute referiert eine Expertin wie man erfolgreich seine

ganze Familie zu einem erfüllten Leben führen kann, das sollten wir uns anschauen „ erfuhren wir mit einer Stimme die keinen Wiederspruch duldete. Schweigend und unauffällig desinteressiert ließen mein bester Freund und ich den theoretischen Unterricht über uns ergehen.

„Du welche ihr Meisterstück auf diesem Gebiet abgelegt hat, lässt dir von einer Frau die vom Alter her deine Tochter sein könnte und den Fingernägeln nach zu urteilen keine Dose öffnen kann, Ratschläge geben?" wunderte sich mein Meister.

„Du glotzt doch auch deine Filme obwohl du nicht eine Übung orthopädisch übernehmen könntest" schoss sie zurück.

Das sind dann die Momente wo ich beruhigend auf meine Liebsten einwirke, und schon bald wissen sie wie dieses Ziel des Fernsehprogrammes ganz sicher erreicht wird, das ist unsere wahre Bestimmung.

Da ich ja so etwas wie in den Adelsstand erhoben worden bin in meiner Familie herrscht ein absolutes Gleichheitsrecht.

Gefühlte Ungerechtigkeiten gegenüber mir stelle ich sofort zur Diskussion, des Öfteren wurde ich für Geruch der eigentlich auf der Toilette zu sein hat, von meinem Boss öffentlich als Verursacher beschuldigt.

Diese Frechheit wird nur dadurch möglich weil ich die gleiche Nahrung zu mir nehme wie jedes andere Familienmitglied auch.

Erst meine Drohung nur noch das edelste Geruchneutrale Futter aus der Zoozentrale zu fressen, führten zu seinem Umdenken.

Seitdem bleibt es mir erspart des Öfteren an die frische Luft zu gehen.

Aber ich bin nicht nachtragend, ein Hund vergibt schneller als jeder andere Mensch.

Neulich, es regnete schon lange und heftig, meine Blase drückte auch noch kräftig, fuhren wir mit dem Auto zu einer Straße die für den Verkehr gesperrt ist. „Lissy du springst jetzt aus dem Auto und machst dein Geschäft, ich bleibe so lange im Wagen sitzen." Derartiges hatte ich in all den Jahren noch nicht erlebt. Natürlich weigerte ich mich beharrlich, bei dem Wetter jagt man nicht einmal einen Hund auf die Straße.

Das war der erste Machtkampf zwischen uns Beiden, natürlich körperlos, wer würde als Sieger hervorgehen.

Ich gab ihm noch eine letzte Chance seinen so berühmten Gerechtigkeitssinn nicht zu verlieren und setzte den von mir neu einstudierten Dackelblick ein. Dann endlich kehrte die Vernunft ein und ließ uns gemeinsam durchnässen.

Zuhause angekommen zauberte Frauchen mit den Begrüßenswerten „beim nächsten Mal wenn ihr schwimmen geht nehmt bitte Badetücher mit" unsere gute Laune zurück.

Was Menschen doch so alles auf sich nehmen um einen von Uns zu sich zu nehmen und die so wichtige menschliche Wärme spüren zu dürfen.

Damit mein so Wärme Bedürftiger Meister meine auch noch recht lange genießen kann habe ich ihm verschwiegen wer da heute geklingelt hatte. Es handelte sich um eine Sammelaktion für Altenheime, und Frauchen sagte mal nach einem Rückenleiden von meinem Boss „Wir werden dich bald in ein Altenheim bringen müssen" ich befürchtete schon dass sie diese Aktion dafür nutzen würde.

Natürlich hätte ich ihn regelmäßig besucht, aber ob Frauchen auch bei Regen das Haus verlassen täte ist nicht so sicher.

Und wenn sie ihn dann zu Gunsten dieser Aktion gespendet hätte was dann .

Keiner der das Radio ausstellt, nach Fragen mit dem Kopf nickt, die Werbung entsorgt und Schlager live singt.

Und was ihr alles bei der neuen Partnersuche wiederfahren könnte weiß ich von einer Freundin durch ein Gespräch auf unserer Wiese. Bei der tragen übrigens immer die zur Unterhaltung am meisten bei welche gerade nicht da sind. „Mein Herrchen war ihr scheinbar nicht mehr gut genug, mir allerdings ja. Jetzt ist ihr das neue Herrchen auch schon nicht mehr gut genug, sie weiß nicht was sie will aber sie will es unbedingt bekommen" beichtete sie mir.

Da bin ich bei meinen Liebsten aber gut dran, vor allem die Ehrlichkeit meines besten Freundes imponiert mir immer wieder. „Was bin ich doch für ein blöder Hund" sagt er manchmal, da wage nicht einmal ich ihm zu wiedersprechen

Wir weiblichen Wesen lügen in der Regel ja auch nicht so wirklich richtig sondern passen die Wahrheit lediglich der Situation an, denn nur wer immer die Wahrheit sagt kann sich ein schlechtes Gedächtnis leisten.

Und das wiederum könnte nach genauen Überlegungen auch der Grund für die Ehrlichkeit meines Bosses sein. Das mit dem schlechten Gedächtnis erkenne ich besonders daran das er beim Einkauf von alkoholischen Getränken immer seinen Ausweis bei sich trägt.

Eines Tages waren wir mal wieder gemeinsam, also zu dritt, per Fuß und Pfote unterwegs und nutzten diese Gelegenheit ein sogenanntes Frühlingsfest zu besuchen.

Nicht dass irgendjemand glaubt das dieses unbedingt etwas mit dem Frühling zu tun haben muss, aber das Kind braucht eben einen Namen. Es könnte auch genauso gut –kurz nach dem Winter oder knapp vor dem Sommer- Fest benannt werden.

Es war für mich besonders erkenntnisreich denn mein Boss zeigte mir einen Verzehrstand „Schau mal Lissy hier wird deine Spezi in ein kleines Brötchen gelegt und damit ihr beim Verzehr nicht unbekleidet seid auch noch mit Ketchup dekoriert."

Es war schon ein Schock für mich weil ich nicht ahnte dass es so kleine Hunde überhaupt gibt.

Frauchens Interesse galt allerdings mehr der Blumen und Pflanzenpracht."Der Frühling scheint tatsächlich ausgebrochen zu sein" freute sie sich.

Für meinen Freund auf zwei Beinen ist der Frühling nur an der Kleidung der Damenwelt erkennbar. Das wiederum hat mein Frauchen schon längst erkannt „Es gab Zeiten da hat dein Boss es sogar körperlich gespürt „ gab sie weitere Details bekannt. „Sollte es trotzdem noch mal vorkommen mache ich mir keine Gedanken denn es handelt sich in der Regel um Fehlausbrüche."

Den krönenden Abschluss des Festes bildeten die Worte eines Mannes der gerade einen meiner winzigen Brüder mit Ketchup verzehrte „ führen sie Heute mal ihren Gyrosblock aus „ als Anspielung auf die frühere Tätigkeit meines Meisters.

„Haben sie etwas gegen Tiere?" fragte mein Boss. „Nicht wenn sie auf meinem Teller liegen" beleidigte der Kerl mich.

Aber was soll ich mich darüber aufregen, auch der wird irgendwann von irgendjemand verzehrt werden.

Zum Leidwesen meines Meisters hatten auch noch die Geschäfte geöffnet, ein Strafe für die nicht von der Kaufwut Befallenen, also ganz Wenigen. An den Geschäften führte leider kein Weg vorbei und für mein Frauchen keine Möglichkeit einfach weiter zu gehen.

„Dieses Mal werde ich mir nichts kaufen" versuchte sie uns und sich selbst wieder mal vor zu machen. „Lissy und ich gehen schon zum Auto und werden Stauraum für die Dinge schaffen die Du nicht mitbringen wirst" schätzte mein Boss die Lage mal wieder richtig ein.

Mehrere alte Schlager mit Eigeninterpretation musste ich mir von ihm anhören bis ich feststellen konnte dass die Frauen wirklich das stärkere Geschlecht sind. Wie sonst könnten sie so viele Einkaufstüten tragen.

Mein Frauchen spart wirklich jeden Cent, koste es was es wolle.

Zu Hause habe ich mir so meine Gedanken gemacht, am meisten spart meine Familie an mir, nicht ein eizigstes Mal hat mich auch nur einer mit

Tragetüten oder sonstigen Utensilien auf der Strecke gesehen.

Habe auch erfahren dass diese diskriminierende Hundesteuer nach einer Gefahrenklasse berechnet wird, da müsste in meinem Fall für mich Geld erstattet werden. Ich mag berechtigterweise durchaus eitel sein aber gefährlich bin ich auf keinen Fall.

Gefährlich war auch der Artgenosse nicht den wir Beide bei einer unserer Runden mit seinem Dompteur trafen. Wir wollten nur seine Freundlichkeit erwidern, da wurden wir von diesem Sklavenhalter schon angebrüllt.

„Was hier geschieht bestimme ich und sonst Niemand" versuchte der Kerl in einem derart gepflegten Deutsch welches wir noch nicht einmal bei der Fernsehübertragung von „ Kandidaten im Container, gehört hatten, uns zu verscheuchen. „Hier bestimme ich, der Köter hat sich an meine Regeln zu halten." Mein Artgenosse zitterte am ganzen Körper, der Boss nicht weniger. „Auf diese von ihnen geforderten Regeln hat auch ihr Hund Anspruch" blieb mein Boss noch ruhig.

Die sich unterdessen angesammelte Menschenmenge machten diese armselige Gestalt noch aggressiver, und so beleidigte er meinen gutmütigen Meister.

Da der aber Gewalt in jeder Form ablehnt bekam dieses Individuum die gefürchtete verbale Ohrfeige.

„Nur die Schwachen unter uns setzen Gewalt ein "machte er ihn erst einmal sprachlos. „Und vor der Menschenmenge gab er ihm den Rest mit den Worten „wer Andere klein macht ist niemals groß."

Beschämt zog er von dannen, vielleicht konnten wir meinen Artgenossen auf dieser Art und Weise helfen sein Dasein lebenswert zu machen.

Zum Glück für die Menschheit geschieht das in unserem schönen Städtchen äußerst selten. Nach dieser nachahmenswerten Tat habe ich mir geschworen meinen Boss so lange es mir möglich ist über die Straßen zu geleiten ohne das es ihm bewusst wird. Aber noch ist er ja kein armer Hund, dafür aber ein Hundeliebhaber mit Herz.

Schon fast zu Hause wurde uns noch der Abend gerettet „Darf ich ihren Hund mal streicheln?" fragte eine unglaublich gut aussehende Dame.

Natürlich hatte ich nichts dagegen und mein Boss noch weniger, denn die Dame musste sich bei dieser Aktion auf Grund meiner Größe ja bücken.

Was sie dann auch tat „Das sind die Momente wo ich froh bin das meine Lissy so klein ist „ flüsterte er ihr zu.

„Was für ein Einblick wäre mir als Halter eines Schäferhundes doch verwehrt worden" ließ er die Schöne erröten.

„Darf ich mich in dem Glauben das sie es nur für getan haben, von ihnen verabschieden"? ging er aufs Ganze.

Was soll ich dazu sagen, besser hätte ich es als Mann auch nicht hinbekommen.

Mit den Sprüchen und seinem angeblichen jugendlichem Aussehen ist er sehr wohl noch in der Lage solchen Perlen eine kurze Zeit etwas vor zu machen.

Das blieb der Dame an diesem Abend zu ihrem Glück und zum Leidwesen meines großen Freundes erspart.

An einem wunderschönen Morgen, ich kam mit meinem Chef gerade von der Morgentoilette zurück und Frauchen hatte wie immer alles Nötige für ein den Tag verschönerndes Frühstück vorbereitet.

Die Mühe das Radio auszuschalten blieb meinem Boss dank ihrer Weitsicht auch erspart. Wie üblich kamen die Gespräche etwas zähflüssig in Gange, erst neulich gab er diesbezüglich eine seiner nützlichen Erklärungen zu dem Thema ab. „In den glücklichsten Ehen ist der Mann ein bisschen taub und die Frau ein wenig blind" bereicherte er unser Wissen.

„Da du ja für alles eine Erklärung hast dann kläre uns doch mal bitte über das auf welches ich während Eurer Abwesenheit im Radio vernahm" war Frauchens Bitte an unserem angeblich Allwissenden.

„Vor 2 Wochen ließ man im Radio verlauten das ein Mitgliedsstaat der Europäischen Union restlos pleite sei. Heute vernahm ich aus den Nachrichten das der gleiche Staat seine Schulden schon fast zurück bezahlt hat."

Natürlich hatte unser Allwissender eine Erklärung für dieses Wunder.

„Es ist durchaus möglich sich etwas schön zu trinken oder auch schön zu reden. Im kleinen Rahmen ist das Trinken angebracht und wie du ja vernommen hast im großen Stil das Reden."

Aber er nahm uns Beiden auch gleich die Illusion „Beides wirkt nur eine geraume Zeit, deshalb fangen wir erst gar nicht mit diesem Etikettenschwindel an."

Das hatte mein Meister aber schön erklärt. Und mit sich selbst mal wieder zufrieden überraschte er uns mit einem Vorschlag.

„Ich habe der Lissy ja das Schwimmen beigebracht da sollten wir mal zum nahegelegenen Edersee fahren um das Ergebnis meines Schwimmkurses zu überprüfen." Bevor wir antworten konnten hatte er sich gleich für uns mitentschieden.

„Das ist praktizierende Demokratie „argumentierte er „wenn etwas dem Wohle der Masse dient und die es wiederum nicht erkennt, greifen die Notstandsgesetze."

Gegen derartigen Notstand hatten seine Liebsten natürlich nichts einzuwenden denn wir wissen um seine Fürsorge. Was habe ich als Hund doch für ein Schwein bei so einer Familie zu leben.

Da es sich um einen Tagesausflug handelte machte ich mir um das Fassungsvermögen des Kofferraumes keine Sorgen.

Hundekuchen für mein leibliches Wohl war auch nicht von Nöten, der vom Konditor bekommt mir eh besser.

Ich kann mir das ja figürlich leisten, im Gegensatz zu einer Freundin meines Frauchens. Obwohl die kaum etwas isst aber immer kaut verliert sie nicht an Gewicht. „Das einzige was ich bei einer Abmagerungskur verliere ist die gute Laune" sagte sie mit vollem Mund. Vielleicht weiß sie aber auch nicht dass der, der abnehmen will den Mund einfach nicht so voll nehmen sollte. Aber so eine Schlankheitskur verliert am besten seinen Schrecken in dem man es sich lässt weiter schmecken.

Dafür verliert mein Freund schnell die Geduld „Wir sollten vor Sonnenuntergang dort sein, wenn wir in dem Tempo weitermachen müssen auch die Schlittschuhe noch in den Kofferraum" brachte er seine ehemalige Verlobte an den Rand der Verzweiflung.

„Wir sollten nicht so enden wie viele unserer Mitmenschen denen es im Sommer zu heiß ist das zu tun wofür es im Winter zu kalt ist."

Wir wagten nichts mehr zu sagen den mein Meister beherrscht die Kunst auch ohne Alkohol etwas schön zu reden.

Endlich auf der Strecke, Frauchen konnte sich im Auto endlich in aller Ruhe die Schuhe zubinden, genoss ich auf dem Rücksitz 5 Minuten absolutes Schweigen und den Blick auf die Natur.

Diese Ruhe machte mich nach den 5 Minuten geradezu unruhig zumal Frauchen auch nicht unbedingt fröhlich reinschaute.

„Wenn wir uns schon nichts mehr zu sagen haben könnten man sich doch immer noch etwas erzählen" versuchte unser Philosoph die Stimmung wieder auf zu bauen. Wahrscheinlich war es die Befürchtung er könnte wieder mal einen seiner uralten Schlager zum Besten geben, so durchbrach mein Frauchen diese an den Nerven zehrende Stille „Nun ist es mir endlich bewusst geworden warum dich manch Einer hasst" begann sie die Konversation.

Aber die Antwort brachte uns schon wieder zum Nachdenken „ Ja weil ich bei allen so beliebt bin."

So, der Tag hatte uns wieder und ich war mir absolut sicher nicht einmal ein kostenpflichtiger Toilettenbesuch kann daran etwas ändern.

„Lissy schau mal aus dem Fenster „ sagte die ehemalige Geliebte meines Bosses „Die Kühe die du da auf dem Feld siehst geben uns die Milch aus dem unser leckere Joghurt gemacht wird". „Du solltest unsere Lissy nicht anflunkern" gab er wieder seinen Senf dazu „Die Kühe geben keine Milch, die Bauern nehmen sie einfach."

Natürlich kann ich mit diesen Wortspielen nicht so furchtbar viel anfangen aber wie bereits erwähnt, nichts kann schlechter sein als seine unverkäuflichen Schlager.

„Junge komm bald wieder "hat er mal gesungen, der Interpret müsste fast 90 Jahre alt sein und kann sich wahrscheinlich auch nicht mehr an den Text erinnern, mein Chef zu unserem Kummer doch. Das sind eigentlich die Momente wo Frauchen mit ihrer wesentlich besseren Stimme „Junge höre bald auf" singen müsste.

Für allen Blödsinn ist er zu gebrauchen, nur handwerklich kriegt er nichts auf die Reihe, „ wir benötigen wahrlich keinen Handwerker im Haus, du schaffst es auch unser Heim alleine zu ruinieren" wurde seine Leistung mal von Frauchen gewürdigt.

Die Fahrt zum Edersee hat er aber erfolgreich auf die Reihe gekriegt, das höher gelegene Schloss war unsere erste Anlaufstation. Was war ich aufgeregt das erste Mal in einem Schloss, eigentlich gehöre ich da ja auch hin wo mich doch fast alle „Meine Prinzessin „ rufen.

Nach gründlicher Besichtigung einschließlich aller Räumlichkeiten wo Menschen gequält wurden, wollte ich doch lieber Prinzessin bei meiner Familie in dem schönen Fritzlar bleiben. Etwas mir völlig unbekanntes wurde den Besuchern noch erklärt, die Funktion eines Keuschheitsgürtels. Scheinbar war die Damenwelt zu der Epoche unwissend was dieses Thema anbelangt, ich hätte ihnen erklären können wie es auch ohne Gürtel geht. Und für meinen Meister mit seinem unglaublichen handwerklichen Ungeschick wäre der Status Großvater unerreichbar geblieben. Für meine Rasse muss es auch unerträglich gewesen sein, das Essen vom Monarchen auf Verträglichkeit zu überprüfen.

Derartiges erledigt für mich zum Glück mein Boss, jetzt erst wird mir bewusst warum ich seine Reste bekomme, er scheint mehr an meinem als an seinem Leben zu hängen.

Allerdings wurde ich in dem Restaurant auf dem Schloss für einen Hund ausgesprochen menschlich behandelt, lehnte aber nach den Erklärungen jegliche Nahrung ab. Gefoltert fühlte sich lediglich mein Boss beim begleichen der Rechnung.

Am Ende der Schlossbesichtigung wurde ich auf die Burgmauer gesetzt und wir Drei genossen den phantastischen Blick auf den See und die Landschaft.

Natürlich geschah das nicht ohne die begleitenden Worte meines Freundes auf 2 Beinen. „So wie uns Dreien der See zu Füssen liegt lagen mir in den besten Jahren die Frauen zu Füßen." Wir Beide, welchen bisher noch niemand vor den Füssen gelegen hatte, es sei denn er ist gestolpert, schauten uns nur an.

Wir wissen welche Frauen ihm zu Füßen gelegen haben, die im Urlaub auf der Liege am Pool als er von dem Balkon blickte.

Im zweiten Teil dieses Ausfluges sollte ich natürlich auch das Wasser kennen lernen. Dahin zu kommen ging es erst einmal abwärts und dafür sollte ich ein für mich bisher unbekanntes Verkehrsmittel nutzen, eine Seilbahn.

Nach Klärung der Frage ob es den besseren Menschen, sprich meiner Rasse, überhaupt gestattet ist stand lediglich noch mein Fahrpreis zur Debatte. Der überaus zufriedene Gesichtsausdruck meines bescheidenen Bosses verriet mir schon vom Weiten, keine Gebühr für Lissy.

Das mit der Seilbahn erinnerte mich an die Fahrstühle in den Hotels, eine großartige

Möglichkeit ohne körperliche Anstrengung ein Ziel zu erreichen.

Das Wasser vor Augen befürchtete ich das meine Schwimmkünste sofort überprüft werde, nein zuvor lernte ich ein weiteres mir unbekanntes Verkehrsmittel kennen, ein Schiff. Zum eingewöhnen fing mein Boss an einen neuen Schlager zu singen.

„Eine Seefahrt die ist lustig eine Seefahrt die ist schön."

Auch dieser Interpret muss dem Text nach zu urteilen seine Jugend schon länger hinter sich haben.

Er hatte auch sofort sein Publikum. „Das kann ihr Hund bestimmt besser" verriet ihm ein Musikexperte. Dem kann nur beigepflichtet werden, unmelodischer kann auch kein Hund jaulen.

Die Schifffahrt wird lange in meiner Erinnerung bleiben, es gab nur wenige Passagiere welche sich mehr mit dem Ausblick als mit mir beschäftigten, vor allem Kinder. Dass ich mich der Dekadenz meiner Mitmenschen schon angepasst habe war nach der Fahrt deutlich erkennbar. Das ist mir deutlich besser bekommen als die Schwimmerei.

Nächtelang habe ich neben meinen Beiden wach gelegen und mich gefragt warum ich unbedingt in das Wasser soll.

Er wird doch auch nicht gezwungen zu schwimmen nur weil ein Anderer gerade schwimmen will, das werde ich versuchen ihm verständlich zu machen. Es lohnt sich bestimmt mal darüber nach zu denken wie viel Unheil verhindert werden kann durch nichts tuen.

Aber er hatte sich vorgenommen auf jedem Fall einmal in dem See zu schwimmen, nicht einmal Quallen hätten ihn von dem Vorsatz abhalten können.

Frauchen meinte nach seiner Aufforderung zum Familienbad „Du bist doch schon groß und musst endlich mal etwas alleine machen, Lissy und ich werden gegebenenfalls Rettungsmaßnahmen einleiten."

Das war endlich mal eine klare Ansage und bedurfte keiner weiteren Reaktion von mir. So schwamm er tapfer und nicht zurückblickend einfach Richtung offener See. Das war dann der Moment in dem meine Gefühle den Verstand besiegten. Ohne Badeanzug schwamm ich instinktiv einfach hinterher. Leider war er trotz seines hohen Alters schneller und mich verließen ein wenig die Kräfte.

Da kamen unsere telepathischen Verbindungen zum Tragen, als wenn er meine Signale aufgenommen hätte, mein bester Freund schaute zurück und erblickte mich.

So konnte ich die Rückreise, dank der Schwimmtechnik meines Lebensretters auf seinem Bauch liegend antreten.

Nun war es ihm doch tatsächlich ohne Aufforderung gelungen mich in das Wasser zu bekommen, ich war beeindruckt. Bei einem Freund von mir läuft das anders herum, der arbeitet bei der Wasserrettung sobald sein Herrchen im Wasser ist holt er ihn sofort wieder raus.

Wie mein Boss schon sagte „Es ist erstaunlich was erreichbar ist ohne sich darum zu bemühen.

Der Herr welcher berechtigterweise das musikalische Talent meines Chefs anzweifelte, war zufällig Zeuge.

„Das können sie besser als singen" würdigte er dieses Talent meines Meisters.

Mit dem Gefühl uns gegenseitig das Leben gerettet zu haben und dem Glück in der Heutigen Epoche unter den Lebenden weilen zu dürfen, wurde der Tag mit der Heimreise abgeschlossen.

Das war ein derart anstrengender Tag das Frauchen gleich ins Bett ging, sehr wohl wissend das jeder neue Tag mit unserem Ironiker eine neue Kräftezehrende Herausforderung darstellt.

Nun wir wollen auch nicht immer nur in der Weltgeschichte rumfahren, das Leben findet auch in Fritzlar statt.

Nicht einmal in die Sonne muss man mehr fahren um braun zu werden, als wir neulich an einem Sonnenstudio vorbei gegangen sind war es an einem Kunden deutlich im Gesicht zu erkennen.

So braun hätte ich mir damals die Hähnchen gewünscht mit denen ich gesättigt wurde aber der gekochte Schinken ist eine genau so gute Alternative.

An dem Tag war seine Ironie auch zu kurz gekommen, nichts Erheiterndes in Sicht. Bis sich mein Boss im Park neben eine junge Frau mit einem Kind setzte, und das brachte die Wende.

Ich wollte mit dem Kind spielen, aber das Kind leider nicht mit mir.

„Mag ihr Kleines keine Hunde?" eröffnete mein Meister die Konversation.

„Ich kann dem Kind heute Garnichts recht machen " erwiderte die junge Mutter „Sie mag den Park nicht und ist undankbar, dabei würde es sie ohne den Park gar nicht einmal geben."

Da hatte er aber die Richtige getroffen, mein Chef hat scheinbar ein Auge für so etwas. Über Details wurde leider nicht gesprochen aber es wurde ein interessanter Abschluss.

Eines Morgens beim Frühstück teilte uns unser angeblich Allwissende mit das heute mit Besuch zu rechnen sei, eine 2 Jahre zurück liegende

Urlaubsbekanntschaft hatte ihre Drohung wahr gemacht .

„Sie sind nur auf der Durchreise, du brauchst das Gästezimmer nicht her zu richten" nahm er Frauchen gleich den Wind aus den Segeln.

„Du musst auch keinen Kuchen backen oder ein neues Kleid kaufen" bremste er ihre Aktivitäten.

Das sind die Momente für den Besucher wo der Wahrheitsgehalt überprüft werden kann. Da mein Boss sich aber nie mit fremden Federn schmückt konnte die Urlaubsbekanntschaft empfangen werden.

Ein sehr nettes Ehepaar mit viel Sinn für Schönes, welches durch die Blicke auf mich deutlich erkennbar war.

Es wurde ein unterhaltsamer Abend, und mein Chef hat sein Versprechen „ Bei mir kommt nie wieder Alkohol auf den Tisch " wahrgemacht, es ging kein Tropfen daneben. Das ermöglichte dann auch eine gehaltvolle Unterhaltung.

Natürlich wurden wir über den neusten Stand der Besitztümer informiert und das die

Lohnforderungen der Mitarbeiter existenzielle Probleme bereiten.   Die nächste Flugreise wäre trotzdem schon gebucht, das hätten sie sich wahrlich verdient.

Aber zum Glück durfte ich erkennen, die reden den gleichen Blödsinn wie wir auch.

„Schaut ihr viel Fernsehen?"fragte die weibliche Besucherin. „Nur Programme welche durch meinen Gatten nicht zensiert sind" sagte Frauchen wahrheitsgemäß. „Außerdem ist er der Meinung das Fernsehen ein tolles Medikament zum Einschlafen sei welches auch nur mit den Augen eingenommen werden muss."

„Um meinen ins Bett zu kriegen muss ich schon den Stecker rausziehen „plauderte die Besucherin munter weiter.

„Er hat eine Schwäche für Filme in denen die Darstellerinnen kaum bekleidet sind."

Das ist mir ja durch meinen Hausherrn bekannt, aber nicht das was sie dann verriet. „ In diesen Filmen gibt es eine Szene die er am liebsten rückwärts schaut, wie eine Darstellerin dem Gast das Geld zurück gibt."

Da musste selbst ich nach kurzem überlegen schmunzeln und wusste nun wovon diese Reisen finanziert werden.

Mein Frauchen hatte auch Glück, sie brauchte keine Betten her zu richten und mir wurde auch nicht gedroht mitgenommen zu werden.

Was sollte ich auch dort wenn die immer in Urlaub fliegen und mich, durch meine Familie restlos verwöhnte Lissy, zurück ließen.

Man kann doch auch nicht fremder Leute Kinder einfach mit nehmen, auch die Eltern können nicht mir nichts und dir nichts ihre Kinder abgeben.

Und wenn die neuen Eltern meine Hundesteuer und den gekochten Schinken finanzieren müssten, ob da überhaupt noch Geld für die Parkgebühr im Flughafen übrig bliebe.

Gut zu wissen, meine würden mich noch nicht einmal zur Adoption freigeben selbst wenn sie nicht genug für sich zu essen hätten. Außerdem bekämen mich nicht einmal 10 Pferde aus der Wohnung raus, obwohl ich Pferde sehr mag.

Ich stand einmal so einem Pferd Auge in Auge gegenüber, das war natürlich nur möglich indem es seinen Kopf fast auf der Erde hatte und ich auf zwei Pfoten jonglierte. Wir verstanden uns sofort und ich konnte das Bedauern in seinen Augen sehen nicht selbst so klein zu sein.

Immer Menschen auf sich sitzen zu haben und deren Befehlen Folge zu leisten kann man wahrscheinlich nur als Pferd ertragen.

Wie unerträglich das sein muss wird wahrscheinlich nur jemand beurteilen können der irgendjemanden irgendwann auf sich rumliegen lassen musste.

Schon lange frage ich mich warum die Menschen das machen obwohl sie auch mit Laufwerkzeugen ausgestattet sind. Da ist die Aufgabe meinen Boss über die Straßen zu leiten geradezu ein Vergnügen. Ich habe auch schon länger beobachtet dass die Pferdchen vegetarisch leben und trotzdem gut ausschauen.

Gut, das mache ich nicht, aber der Grund ist einzig und alleine die Angst davor ihnen das Futter weg zu fressen. Denke das ich jetzt genug von Pferden erzählt habe sonst tadelt mich mein Bester wieder mit den Worten „Erzähle mir doch nichts vom Pferd."

Nein vom Pferd erzähle ich jetzt nicht mehr obwohl er mal zu mir sagte „Du bist mein bestes Pferd im Stall." Vielleicht wollte er auch nur damit andeuten dass ich den meisten Mist mache.

Mist hat mein Boss mal wieder bei einer Steuereintreibungsinstitution, also einer Tankstelle, gemacht.

„Darf es noch etwas aus unserem Shop sein? " wurde er beim bezahlen seiner Rentenbeiträge an der Kasse gefragt.

„Wenn sie mich so fragen dann nehme ich noch 1 kg. Gehacktes mit "erschütterte mein Boss die Kassiererin.

„Hier im Shop gibt es kein Frischfleisch" meinte sie erbost. Aber zum Glück hat er seinen Mist sofort wieder durch den Folgesatz

„Aber sie beweisen doch durch ihr Aussehen genau das Gegenteil „ gutgemacht.

Das war äußerst knapp und nicht Alle haben Sinn für seinen skurrilen Humor.

Doch er nimmt es ziemlich locker „So ist es eben im Leben meine liebe Lissy, mal verliert man und ein andermal gewinnen die Anderen."

Mein Boss teilt aber nicht nur aus sondern steckt genau so gerne ein, die Mehrzahl seiner Opfer geniest diese Wortspiele.

„Ich kann ohne Frauen nicht leben" erzählte uns ein Bekannter bei dem Gesprächsthema Frauen. Selbst den konnte er beruhigen „ Für einen Frauenarzt wäre das viel tragischer."

Damit so etwas nicht auch noch seinem Hausarzt passiert hat er sich einen Termin bei ihm besorgt um so zu erfahren wie lange er noch seine Ironie verbreiten könnte.

Frauchen und ich konnten seine Rückkehr und das Resultat der Untersuchung kaum abwarten, ohne ihn wären wir auf Fernsehen, Radio und Illustrierten angewiesen.

„Was nutzt es wenn wir lesen und schreiben können, aber das Denken Anderen überlassen" war schon immer seine Nachricht an uns. Nun das hatten wir ungeprüft ihm überlassen nun rückte die Stunde der Wahrheit näher.

„Was hat die Untersuchung ergeben?" wollte mein Frauchen natürlich erfahren.

„So wie es aussieht müsst ihr mich noch etwas länger ertragen, aber wir sollten nach einem Grundstück Ausschau halten" verwirrte er Uns. „Das Ergebnis besagt ich hätte Kalkablagerungen und Gallensteine, somit sind schon einmal die wichtigsten Baumaterialien vorhanden."

Da wussten wir er wird uns seine Meinung auch weiterhin als allgemein gültig und unaufgefordert mitteilen.

Bei einem unserer Spaziergänge zu Dritt, diesmal abseits meiner Stammwiese, die müssen auch mal ohne mich über ihre Mitlebewesen herziehen, bin ich das erste Mal meinem Ruf als Jäger gerecht geworden.

Ein kleines Vierbeiniges Tierchen schaute mir ohne Angst in meine angstvollen Augen. Mein noch angstvolleres Frauchen schrie nur „Hilfe eine Maus, Jürgen bitte rette mich." So wird unser Familienoberhaupt manchmal gerufen.

Doch der Jürgen hatte sie im Leben bisher nur einmal gerettet und zwar vor einem anderen Mann, indem er sie geheiratet hat.

Das war für ihn scheinbar leichter als sie vor der Maus zu retten. Diese Heldentat vollbrachte letztendlich ich indem ich die Maus instinktiv ins Maul nahm. Was dieses kleine Lebewesen in meinem Maul sollte wusste ich leider nicht.

„Nein Lissy nicht " die nächste Reaktion von Frauchen. Da nun keiner von Uns wusste was zu tun sei habe ich sie einfach laufen lassen.

So konnte diese lebensbedrohliche Situation zur Zufriedenheit aller Beteiligten ohne Verletzte, bereinigt werden.

„In der freien Wildbahn hätte keiner von uns Dreien auch nur eine Woche überlebt" schätzte mein humaner Boss die Situation dann auch richtig ein.

Diese Wanderstrecke ist durchaus mein Ding, habe neue Freunde gewonnen und auch Gleich die Nachricht verbreitet „Bis hier hin und nicht weiter."

Du bist uns eh viel zu dünn, beruhigte mich ein männlicher Artgenosse, wir vom Lande haben es gerne ein bisschen kräftiger.

Na da muss ich aber auf mein Gewicht achten denn ich habe es gerne ein bisschen magerer.

Selbst hier auf wenig begangenen Pfaden kennt man meine Plaudertasche.

„Du bist aber alt geworden " wurde er von einem jungen Mann begrüßt."

Das hätte der lieber nicht sagen sollen, denn die Antwort folgte sofort.   „Lieber alt sein und jung aussehen als jung sein und alt aussehen." Aber dass mein Boss noch der Alte ist kann ich nur bestätigen und gab ihm auch zu verstehen dass die Bemerkung von dem Herrn überzogen war.

Natürlich hatte er sich in der Zwischenzeitzeit schon wieder alles schön geredet.

„Merke dir meine liebe Lissy, der Neid ist die aufrichtigste Form der Anerkennung." Das habe ich doch geahnt, denn anders kann das Verhalten meiner Freundinnen mir gegenüber nicht erklärt werden.

Neulich waren wir nach einer Wanderung so hungrig das wir beim nächsten Restaurant einkehrten. Meine Angst wieder mal denunziert zu werden erwiesen sich als völlig unbegründet.

„Die Gastronomie kann es sich nicht mehr leisten Gäste mit Vierbeinern den Zutritt zu verweigern" lieferte der Boss gleich ein stichhaltiges Argument. Aus Dankbarkeit bestellte er eine Platte für 2 Personen mit Fleisch für Drei. Das erinnerte mich schlagartig an den Text seines Liedes" In einer kleinen Konditorei da saßen wir Zwei und aßen für Drei „

Der Betreiber des Restaurants zweifelte schon an der Qualität seines Fleisches als er mich essen sah „Ganz im Gegenteil " beruhigte mein Chef den Gastronom „Was unsere Lissy frisst kann auch bedenkenlos von Uns gegessen werden." Woher sollte der Mann auch wissen dass ich einen derartigen Status in meiner Familie besitze und gerade eine Schlossbesichtigung mit Erklärung hinter mir hatte.

Der abschließende Toilettenbesuch meines Chefs sorgte noch einmal für eine Anekdote. „Na war das nicht toll für dich noch einmal ohne Eintrittsgeld die Toilette benutzen zu dürfen " wollte Frauchen auf Grund seiner Abneigung für Toilettenbenutzung bezahlen zu müssen, wissen.

„Dafür musste ich andere Dinge in Kauf nehmen" erwiderte er. Über 2 Urinalbecken war Werbung angebracht, so etwas hatte ich hier nun wirklich nicht vermutet. Bei dem ohne Werbung wird dafür einiges richtig gestellt." „Um das lesen zu können muss der Benutzer dicht an das Becken treten um der Wahrheit ins Auge zu blicken und auch nichts daneben zu machen." Tritt näher denn er ist kürzer als du denkst, wird dort mit Wunschdenken aufgeräumt.

„Hier scheint man mit der Wahrheit noch korrekt umzugehen " stellte seine Gattin abschließend fest.

Den darauf folgenden Tag stand für mich etwas Besonderes und neues auf dem Programm, der Besuch eines Supermarktes für Tiere.

Dort gibt es nicht nur Futter in verschiedensten Geschmacksrichtungen sowie unterschiedlichster Konstanz, nein auch noch Kostüme für jegliche Art von Veranstaltungen. Es gibt dort derart viele Möglichkeiten sein Lieblingstier zu verunstalten das es die Zweibeiner schwer haben werden ähnliches irgendwo für sich erwerben zu können. Selbst Schmuck für meine Rasse kann man hier käuflich erwerben, als wenn Augenringe nicht ausreichend wären. Ich war derart überfordert was das Angebot anbelangt das ich meinen Boss zum Aufbruch drängte.

Jede weiter Minute in diesem Konsumtempel für Tiere hätte lediglich dazu geführt überhabt nicht mehr zu wissen was ein Hund wirklich benötigt.

Nun wird mir erst richtig bewusst warum mein Boss nicht alles haben will was so angepriesen wird, der Blick für das Wesentliche wird immer trüber.

„Lasst uns einfach versuchen Naturgegeben zu leben" lautet die Nachricht vom Boss an seine Familie.

Das bemerkte seine Familie, dazu gehöre natürlich auch ich, schon beim nächsten Frühstück.

„Hat die Fastenzeit schon begonnen?" wollte Frauchen mit Blick auf den von ihm gedeckten Tisch, wissen.

„Das Brot ist ja noch härter als die angeblich weich gekochten Eier" stellte sie fest.

„Wir brauchen lediglich unsere teuer erworbenen 3.Zähne einsetzen, das Brot ist gerade mal 2 Tage alt. Und sollte das nicht reichen wissen wir ja noch vom Frankreichbesuch her welche Alternativen es so gibt."

Scheinbar versucht er uns schon einmal auf die Zukunft vorzubereiten, auf jeden Fall geht er mit gutem Beispiel voran, aber mir als das kleinste seiner Kinder hat er noch nicht den gekochten Schinken gestrichen. „Schaut euch mal ausnahmsweise diese neue Sendung im Fernsehen an" empfahl er uns. „Die Menschen aus dem

Container sind jetzt umgezogen in ein sogenanntes Dschungel-Camp, weit weg von hier. Wahrscheinlich konnte man für die Sicherheit der Restbevölkerung in Deutschland nicht mehr garantieren. Was die so alles essen müssen um auch einmal was Unverständliches sagen zu dürfen, dagegen ist unser 2 Tage altes Brot Garnichts." „Da sollen auch ältere Kandidaten mitmachen „hatte Frauchen von einer Freundin gehört.

„Ja", meinte ihr Gatte „Alter schützt nicht unbedingt vor Torheiten, aber verhindert zumindest Schwangerschaften."

„Es ist eine hohe Kunst dem Zuschauer oder den Leser jeden Tag auf ein Neues mit absoluten Nichtigkeiten über den Tag zu bringen ohne dabei die Werbung zu übersehen „ teilte unser Familienoberhaupt uns nach dem studieren einer Zeitung mit. „Was bin ich froh das es dich und die Notwendigkeit mit dir in die Natur zu gehen gibt Lissy, was hätte ich nicht alles verpasst."

Und ich erst einmal, durch ihn und seine Diplomatie lernte ich wie Lebewesen auch gewaltfrei miteinander umgehen können. „Die Leine an der ihr

Hunde seid ist ein Symbol für manchen Menschen die daran angeleint sein müssten „ist seine Meinung.

Oft stehe ich mit meinem Hundeliebhaber an der Stelle wo meine Vorgängerin begraben liegt von der ich reinkarniert wurde, selbst den nicht mehr Lebenden gehört sein ganzer Respekt.

Ich darf mich schon einmal auf eine weitere Reise freuen, 2 Familienmitglieder sollen vom Flughafen in Düsseldorf abgeholt werden, eine gute Gelegenheit früher anzureisen und Frauchen zeigen das in den Schaufenstern dort nichts Anderes als bei uns liegt.

Unser Sparfuchs hatte eine preiswerte Übernachtungsmöglichkeit ausfindig gemacht, Hunde gerne gesehen.

Was für eine positive Überraschung als wir das Hotel am Rande der Innenstadt betraten, für meinen Boss eigentlich 2 Nummern zu vornehm. Der übernachtungspreis nicht höher als in der Legebatterie in Frankreich und unser Zimmer geräumiger als dort das ganze Hotel.

2 riesige Betten so dass ich befürchtete das Zimmer mit anderen Gästen teilen zu müssen. Nein ein Doppelbett ganz für mich alleine, wenn ich das auf meiner Wiese kund tue glaubt mir wieder mal kein Hund.

Aber der Hund welchen wir bei der ersten Erkundung der näheren Örtlichkeiten trafen, ließ mich wissen wo seine Familie gerne Essen geht.

Es handelte sich um ein italienisches Restaurant mit Terrasse, was natürlich einem Hund sehr entgegen kommt.

Nur einige Meter entfernt rauschte der gesamte Verkehr an uns vorbei. Den Proteste von unserem Frauchen bezüglich der Geräuschkulisse begegnete er mit den Worten „Stellt Euch einfach vor es handelt sich um ein Meeresrauschen." Und schon fühlten wir uns wie im Urlaub an der Ostsee."Das hupen der Autos klingt wie die Sirenen der Schiffe, das bimmeln der Straßenbahnen wie der Eisverkäufer am Strand."

Recht bald glaubten wir wirklich dort zu sein, zumal die Wetterbedingungen identisch waren. „ Es bedarf lediglich unserer Phantasie da ja eh das

Dasein nur eine einzige Illusion ist „ bekamen wir auch sofort die nötige Erklärung für seine gelungene Suggestion.

„Hoffentlich müssen wir uns nicht auch noch die Qualität des Essens schön reden" reduzierte seine Herzdame augenblicklich seine Überzeugungskraft.

„Nein das müssen sie hier wirklich nicht „ beruhigte uns eine nette Frau am Nebentisch.   „Der Betreiber und auch mein Sohn und ich wohnen sogar schon viele Jahre in diesem Haus." Und schon nach wenigen Minuten waren wir dort so gut wie zu Hausen nur in einer anderen Stadt.

Ich konnte das meinige dazu steuern und schon wurden wir eine große Familie. Innerhalb kürzester Zeit war es meinem kommunikativen Boss gelungen alle Gäste mit einzubeziehen.

„Das ist ja wie in der Lindenstraße „ eine seit vielen, vielen Jahren erfolgreiche Fernsehserie, nur nicht bei einem Griechen sondern einem Italiener, konnten wir feststellen.

Hier bekamen die so gesprächigen Rheinländer einen noch gesprächigeren Nordhessen zu Ohren.

Ich kam überhaupt nicht zu Worte und unser Frauchen so gut wie nicht."

„Haben ihre Vorfahren hier mal gelebt?" fragte ein ungläubiger, echter Rheinländer. Nach ca. 3 Stunden ununterbrochenen Redens bei bester Stimmung wussten wir alles über die Stadt und seine Sehenswürdigkeiten.

Wir erfuhren welche Straßenbahn um welche Zeit zu unserem jeweiligen Ziel führt und was wir unbedingt sehen müssen.

Es war eine derart herzliche Atmosphäre das allen Beteiligten beim Abschied fast die Tränen kamen.

Natürlich fragte ich mich ob sie ihn nach einer Woche immer noch lieben würden, dem Verhalten nach ja aber vielleicht waren sie auch nur froh endlich mal selbst zu Worte zu kommen.

Diese Nacht habe ich in meinem King Size Bett genossen, zumal auch keine störenden Geräusche vom zweiten Bett zu mir drangen, der Rotwein aus der Pizzeria verhinderte es zu meinem Glück.

Nachdem meine Beiden am nächsten Morgen vom Frühstück zurück kamen, ich war natürlich noch in diesem Bettenparadies, beabsichtigten wir die Empfehlungen unserer neuen Freunde zu befolgen. Mit welcher Straßenbahn wusste unser Allwissender noch, das war aber auch schon alles.

Die Fahrkarten mussten in der Straßenbahn gelöst werden, aber leider nur mit Münzen. Wenn das Gedächtnis meines Chefs auch nachgelassen hat was zu tun ist weiß er immer noch. „Achtung, Achtung liebe Fahrgäste, was muss getan werden und wer kann uns weiterhelfen?" so lautete sein Frage, schlicht und einfach.

Und er bekam was wir benötigten, so simpel kann das Leben sein wir wurden sogar noch zum Ziel geleitet.

Als erstes gingen wir an der Rheinpromenade entlang, dort traf ich auf meine ersten Bewunderer. Das will schon etwas heißen denn die Konkurrenz war stark aber gegen Natürlichkeit ist letztendlich auch Makulatur unterlegen.

„Haben sie für unseren Hund vielleicht eine Schale mit Wasser?" fragte mein Boss den Gastronomen bei einer Rast.

Da waren wir wohl gerade auf den Schrecken der Stadt getroffen." "Hier haben sie eine Schale" warf er uns ein Gefäß direkt vor die Füße "Wasser können sie sich selber holen."

Da musste ich also bis nach Düsseldorf fahren um erleben zu dürfen was die Redewendung "Wie einem Hund vor die Füße geschmissen" praktisch bedeutet. "Ein Glück das wir noch nichts bestellt haben" meinte mein Chef lediglich "das Essen hätten wir wahrscheinlich auch so serviert bekommen."

"Ein bedauernswerter Mensch " stellte auch Frauchen fest "aber es wird ihm nicht gelingen unseren guten Eindruck von der Stadt und seinen Bewohnern zu mindern."

Ganz im Gegenteil, der Tag endete genauso wie der vorherige, es war eine schöne Zeit. Jetzt lernte ich auch noch einen Flughafen kennen und einige meiner Spezi die ebenfalls auf ihre Familienangehörigen warteten.

"Schau dir nur die Freude der Hunde an wenn die Angehörigen in Sicht sind" freute sich mein

Herrchen ebenfalls, „Bessere und aufrichtigere Freunde können wir Menschen nicht finden."

Und das stellte ich dann auch unter Beweis als meine Familienmitglieder endlich eintrafen.

Was es doch für einen Hund bedeutet alle Lieben wieder um sich zu haben, da kommt kein gekochter Schinken gegen an.

Am wohlsten fühle ich mich einfach zu Hause, das ist so unschlagbar wie das täglich morgendliche Ritual mit der abschließenden Frage „Haben wir schon alle Tabletten eingenommen?"

Alleine diese Überprüfung nimmt viel gedankliche Zeit in Anspruch. Die Wirkung der Medizin tritt erst dann ein wenn sie sich auch sicher sind sie eingenommen zu haben.

Meine Medizin ist das Geräusch wenn die Verpackung vom gekochten Schinken geöffnet wird und mein Chef die Leine in die Hand nimmt.

Das sind immer wieder erhabene Momente auf der Strecke sehen zu dürfen was ich alles nicht machen muss.

Mein mich liebender Boss zeigt mir gerne hin und wieder was mich erwarten würde, sollte ich die im Moment gültigen Spielregeln einer angeblichen gerechten und humanen Welt nicht einhalten.

„Der freie Wille der Tiere muss gebrochen werden" teilte uns ein Mensch in gebrochenen Worten mit. Da hätten wir Beide bald selbst erbrochen als wir diese Worte eingeordnet hatten. Da hat mein vierbeiniger Freund an dem seiner Seite aber noch eine große Aufgabe vor sich, sie zu lösen erfordert zumindest mein Geschick mit aufsässigen Hundehaltern umzugehen.

Und das wiederum lernte ich von meinem Hundehalter „Der Vorteil der Klugheit liegt darin das man sich dumm stellen kann, beim Gegenteil wird es schon schwieriger."

Ja und diese Wahrheit sollte sich mein Spezi zu Eigen machen denn sein Zuchtmeister bringt alle Voraussetzungen dafür mit.

An dem Tag waren scheinbar nur Männer unterwegs, ich nehme mal an die Frauen haben sie aus der Wohnung gejagt um sich in Ruhe mit der

Nachbarin über die Probleme mit Ehemännern zu unterhalten.

Einmal hatte ich das Vergnügen zwei Frauen über ihre Ehemänner plaudern zu hören „Meiner erlebt im Moment seinen 2. Frühling "meinte die Eine.

„Und meiner bekommt nächst Woche seine dritten Zähne, das ist viel schlimmer" teilte die Andere mit.

So ähnlich verlaufen auch die Plaudereien unter den Männern, aber alles kann nur besser sein als die Werbung mit den Filmen dazwischen im Fernseher zu schauen, das sagt zumindest mein Boss immer.

Besser als jedes Fernsehprogramm war auch ein Ballspiel mit meinem Chef und seinen 2 Enkelkindern, also meinen Kleinen. Auf unserer Wiese warfen die sich den Ball zu und ich lief vergeblich hinterher. Natürlich zum Spott meiner weiblichen Neiderinnen, aber mein Großer erkannte die für mich peinliche Situation sofort und ließ einige Bälle für mich fallen, so gelang es mir nicht nur über meine Grazie Punkte zu sammeln. Der weiß einfach was Lebewesen so benötigen um ihr Selbstwertgefühl nicht zu verlieren so auch bei einer deprimierten Frau die ihn ansprach.

„Ich wäre auch gerne so glücklich wie sie mit den Kindern und ihrem Hund, habe keine Ahnung warum es mir nicht gelingt." Für solche Gespräche nimmt sich unser Familienoberhaupt immer Zeit „Die verzweifelte Suche nach dem Glück ist meistens die Ursache des unglücklich sein" sagte er ihr zum Abschluss eines nicht ironischen Gespräches.

So richtig glücklich war auch Frauchen nicht als wir nach Hause kamen „das Essen ist jetzt nicht mehr richtig frisch" bestrafte sie uns für die Verspätung.

Aber auch für dieses Problem hatte mein Boss eine logisch klingende Erklärung „Das Essen bleibt länger frisch wenn man es später kocht."

Das geschieht natürlich immer mit einem Lächeln getreu seinem Motto „Das Lächeln ist ein Geschenk welches sich eigentlich jeder leisten könnte."

Ich denke ja das auch schweigen hin und wieder angebrachter wäre, aber mein Boss ist unbestechlich, der nimmt nicht einmal Vernunft an.

„Denke daran das wir heute noch zum wählen an die Urne müssen „erinnerte Frauchen ihm daran das die Verteidigung der Demokratie auf dem Programm steht. Und schon erinnerte ich mich an seine Worte als wir unterwegs die Plakate sahen „ Lissy, die Urne ist mir sicher auch wenn ich nicht wählen gehe."

Warum sie denn überhaupt wählen gehen wenn doch die Anderen angeblich auch nichts besser machen können wollte ich schon gerne wissen.

„Stelle dir bitte vor eine andere Familie hätte dich adoptiert und du wirst genauso behandelt wie bei Uns, du würdest niemals ohne Vergleich erfahren ob es für dich nicht noch angenehmer sein könnte.

Donnerwetter da hatte er mich aber nachdenklich gemacht oder er wollte nur von mir hören dass es nicht mehr angenehmer sein kann.

Für mich scheidet schon allein der Versuch aus bei der Einheit die wir Beide bilden, schließlich arbeiten wir Hand in Hand, was der eine nicht will lässt der andere liegen. Nicht liegenlassen wollte mein Boss die Gelegenheit auch einmal in einer

Nachbargemeinde seine daheim zur Genüge bekannten Sprüche loszulassen.

„Es gibt Wunder " musste sich eine attraktive Dame von ihm anhören, aber sie übertreffen die alle. Was für Sehenswürdigkeiten, außer Ihnen, hat ihr Städtchen noch zu bieten?"

Ja auswärts kann er noch punkten, nur mache ich mir keine Sorgen den Frauchen warnte ihn „Pass gut auf der liebe Gott sieht alles." „Nur die Nachbarn noch mehr Lissy, und hier haben wir keine.

„Was für ein liebes Hündchen" sagte das Wunder welches laut meines Chefs nicht mehr zu übertreffen ist. Endlich wurde der Blickfang meines Meisters gewürdigt, hätte sie ähnliches von ihm behauptet wäre es eine Notlüge gewesen. Ich muss zu meiner Schande gestehen, ganz früher war ich eitel aber jetzt weiß ich dass ich schön bin. Mein Chef mag Menschen die mich auch mögen und verachtet natürlich diejenigen die mich nicht leiden können.

„Suchen sie denn irgendetwas Bestimmtes im Ort?" ging die übliche Konversation seinen Gang.

„Bevorzugen würden wie den Weg der zu ihrer Wohnung führt" tastete sich mein Charmeur weiter vorwärts.

Bei diesen Sprüchen verschlägt es sogar mir manchmal das Bellen, der Dame natürlich nicht die Sprache, sie hatte den benötigten Sinn für Humor.

So ist mein Ironiker mit Herz nun mal, zum Schweigen fehlen ihm scheinbar die passenden Worte.

Wir Hunde knüpfen Verbindungen für unsere Liebsten da kommt kein Institut gegen an, das ist die feste Überzeugung meines Hundesteuerbezahlers. Auch ist unser Gespür für den Charakter von Menschen einzigartig, wir sind so leicht nicht zu täuschen daran ändert auch eine Scheibe gekochter Schinken nichts.

Womit wir wieder beim Essen sind, denn danach fragten wir beim Eintreffen im Heimathafen.

„Schatz mit welcher Köstlichkeit deiner unvergleichlichen Kochkunst wirst du dich heute Abend endgültig unsterblich machen?"wollte mein Boss auch gleich wissen.

„Heute mache ich statt Abendbrot mir lieber Gedanken. Und zwar warum immer ich das Essen machen soll."

Das habe ich mich schon viel länger gefragt, allerdings würde ich dann nichts mehr vom Tisch essen.

Gott sei Dank siegt in derartigen Situationen letztendlich die Vernunft, jeder sollte das machen was er offensichtlich auch am besten kann.

Habe mal gedanklich durchgespielt was für mich dabei rauskommen könnte falls die Vernunft eines Tages verlieren würde.

Ich könnte notfalls über den gekochten Schinken sowie den Streicheleinheiten durchaus überleben, allein von seinen Sprüchen hätte ich die Schnauze schnell voll. Aber was passiert mit meinem Frauchen, Besuchern und schließlich mit ihm selbst. „Du bist so ungeschickt das du sogar das Wasser anbrennen lässt " musste er sich schon des Öfteren berechtigterweise sagen lassen.

Egal wie lange er die Eier morgens kocht, sie sind immer zu hart und verbranntes Fleisch deklariert er als kräftig gebraten. „Ich mache keine Fehler, sondern lerne immer nur dazu " redet er sich gerne raus.

„Ihr habt doch keinen Hunger?" mit dieser Frage würde er die Besucher welche leider immer kommen wenn man zu Hause ist, dann auch schnell wieder los werden um ihnen seine Kochkünste zu ersparen.

Und nun zu der Möglichkeit nur mit Frauchen auf Tour zu gehen. Niemals würde sie die Männer ansprechen, auch bekäme ich nicht die Chance andere Wohnungseinrichtungen kennen zu lernen. Die Frage „hat das Hündchen auch ein Frauchen, welche zum Unglück nicht daheim ist " käme nie über ihre Lippen.

Auf viele verdutzte Gesichter mit anschließendem Lächeln auf den Lippen müsste ich verzichten, nein bitte keinen Rollentausch schon im Interesse unserer Geschmacksnerven.

Im Moment sind meine Geschmacksnerven äußerst aktiv, die kalte Jahreszeit hat sich angekündigt und meinen Appetit gesteigert.

Das ganze wird noch zusätzlich problematischer durch Verringerung der Körperlichen Aktivitäten auf Grund der Wetterverhältnisse.

Um diese Jahreszeit wird das Nahrungsangebot noch einmal gesteigert, selbst gebackene Plätzchen nennt sich diese kalorienreiche Köstlichkeit.

Das was sonst in einer Woche zusätzlich gegessen wurde geschieht um diese Jahreszeit fast täglich.

„Damit wir etwas für die mageren Jahre zu zusetzen haben „lautet die Begründung.   Aber auf diese mageren Jahre warten alle schon sehr lange vergeblich. Und wenn die nicht bald kommen werden Viele unter der Last der Notvorräte zusammen brechen.

Mir versucht man auch diese am Körper ablagernde Vorratshaltung auf zu zwängen, mein Wiederstand hält sich dabei sehr in Grenzen.

Für Herrchen und mich kommt erschwerend hinzu das wir uns auf dünnem Eis bewegen, egal ob wir Frauchens Leckereien verzehren oder ablehnen beides scheint nicht richtig zu sein.

Entweder fürchtet sie um unsere Gesundheit oder um ihre Kochkunst. Weihnachtszeit nennen die Menschen diese verführerischen Tage welche den Höhepunkt durch überreichen von Geschenken finden.

Von allen Familienmitgliedern habe ich etwas geschenkt bekommen, all das zu benennen würde jeden zeitlichen Rahmen sprengen.

Das wertvollste Geschenk waren die Worte von meinem Boss im Namen der Familie an mich.

„Lissy wir danken Dir dich in unserer Familie haben zu dürfen, die Zeit mit Dir ist ein unbezahlbares Geschenk, du hast uns reich gemacht."

Das darf ich meinen Freundinnen, das sind die welche aufopferungsvoll die Funktionsfähigkeit der Rüden zu erhalten versuchen, überhaupt nicht erzählen.

Auch nicht was er mich ganz alleine hat wissen lassen „Dein Blick drückt viel mehr aus als stundenlanges Gerede mancher Menschen."

Da hat mein Boss recht, Schweigen kann unter Umständen durchaus unterhaltsam sein denn oft reicht nur ein Wort jemanden zum Weinen zu bringen.

Dafür haben wir für den Winter eine schöne und ruhige Wanderstrecke gefunden, hier bringt uns niemand zum Weinen aber nur deshalb weil keiner unterwegs ist.

Winterkleidung ist momentan unerlässlich, das Ankleiden allerdings für mich eine Katastrophe. Nicht nur das ich verunstaltet werde, die Bewegungsfreiheit ist auch stark eingeschränkt. Ein männlicher Artgenosse hat sogar ein noch größeres Problem, der meinte „es ist so glatt das man sich nicht einmal traut beim pinkeln das Bein zu heben." Eine Freundin sagte sogar als wir im Schnee fast stecken geblieben waren „Wenn nicht bald ein Baum kommt mache ich mir in die Hose."

Von Vorteil ist dafür die kürzere Verweilzeit, dem Boss seine ironischen Sprüche müssen sich noch etwas gedulden bevor sie ihren Empfänger treffen.

In dieser Zeit duldet unser Familienoberhaupt schon einmal Fernsehfilme in denen die Darsteller unbeschadet aus Hochhäusern springen um im 10. Stock eine Rast einzulegen um letztendlich bei

Ankunft mit einem Taschenmesser eine ganze Armee erfolgreich zu bekämpfen.

„Wenn man genug von dem in den Werbeblöcken empfohlenen Bier trinkt kann das durchaus machbar wirken" ist dem Chef seine Meinung."

Er liest in der Zeit lieber ein Buch „nicht ein Buch das ich gelesen habe war generell schlecht" erfuhren wir „den selbst ein schlechtes Buch hat zumindest eine gute Seite und zwar die Letzte."

Und jetzt fängt er wieder an poetisch zu werden „Wenn wir die Lügen und maßlosen Übertreibungen nur oft genug hören, liebe Lissy, werden sie zu Wahrheiten mit denen wir leben, nur deshalb bin ich so oft kritisch."

„Wir Menschen erkennen höchstens wie dumm wir waren, aber selten wie dumm wir sind."   „Erst deine Spezi macht den Menschen menschlicher."

Ja das scheint auch der Grund dafür zu sein das wir Beide uns so ähnlich sehen, er wäre wahrscheinlich auch lieber ein Hund. Und wenn ich mir das Geschehen so tagtäglich anschaue darf durchaus behauptet werden dass mancher Blindenhund die bessere Führungskraft ist.

Und ich muss es ja wissen nach so langer gemeinsamer Zeit, bis heute hat mein Bester nicht gemerkt dass ich ihn eigentlich an der Leine halte.

Es gibt jede Menge Beispiele dafür, meine Ernährung ist hochwertiger als seine, ich besitze mehr Hundebetten als meine Beiden Ehebetten. Auch habe ich die Funktion eines Seelendoktors, für jeden Kummer habe ich ein Ohr und die nötigen heilenden Blicke. Das ist noch lange nicht alles, bin ich krank ist meine Familie auch krank. Meinen Geburtstag hat mein Boss noch nie vergessen seinen sehr wohl. Auf jeder Grußkarte ist mein Name und sollte ich einmal winseln ist sofort mein Chef da.

Ja, die Familie weiß meine Loyalität zu schätzen und zeigt es mir. Ich bin sogar zu Besuchern in unserem Heim loyal und begrüße sie mit wackelndem Hintern und auf Wunsch gerne mit meiner kalten Nase und nassen Zunge. Die Wärme meines Herzens hat schon des Öfteren die Kälte eines Besuchers besiegt.

Natürlich gab es welche die sich abgewannt haben als ich sie auf meine liebevolle Art begrüßen wollte aber seien wir mal ehrlich, auf die Wenigen kann durchaus verzichtet werden.

Zum ersten Mal durfte ich auch einer Grillparty im Schnee beiwohnen, eigentlich eine Veranstaltung für die wärmere Jahreszeit.

Auf Grund meiner Teilnahme verzichtete man aus moralischen Gründen auf den Verzehr meiner kleinen Brüder. Aber um der klirrenden Kälte stand zu halten half nur ununterbrochenes Essen und heiße Getränke. Meinem Boss gefiel es besonders gut, niemand brauchte anschließend Geschirr zu spülen und im Umkreis von mehreren Metern gab es kein Geschäft das geöffnet hatte. Zu meinem Glück ist diese Jahreszeit begrenzt und zum Unglück meines Meisters wird es danach schwieriger seine ehemalige Verlobte von den Verlockungen der Konsumwelt fern zu halten

„Der Frühling kommt neuerdings immer früher als meine Frühlingsgefühle" ist meinem Boss nach verschwinden des Schnees aufgefallen. Nun ich werde ihn schon auf die Veränderungen in der

Natur hinweisen falls er es an der Kleidung der Frauen noch nicht bemerkt hat.

Das Leben findet jetzt wieder draußen statt und ich erfahre so viele neue Dinge. „Ihr Hund hat meinen Kanarienvogel aufgefressen „rief eine Frau einer Anderen von Weiten zu.

Wie so etwas gehen soll kann ich mir nicht vorstellen, obwohl mein Boss sich zu seinen Berufszeiten des Öfteren sagen lassen musste „Der Größe nach hätte ihr Hähnchen auch ein Kanarienvogel sein können."

Aber dieser Vogel schien kein Hähnchen zu sein und die Antwort der Beschuldigten entschädigte auch für alles. „Gut das sie es sagen, dann bekommt er heute Abend nichts mehr zu fressen."

„Die Dame hätte sich anstelle eines Kanarienvogels lieber einen Pechvogel halten sollen" war mein Chef der Meinung „den frisst garantiert keiner auf."

 Bei meinem Boss hätte sie für den Kanarienvogel bezahlen müssen.

„Mein Herrchen hat eine nicht so angenehme Seite" teilte mir beim Gassi gehen eine Hündin mit.

„Kommst du nun endlich, oder nicht" schreit er mich manchmal ohne Grund an.

Diese Worte sind mir sehr wohl bekannt und ich reagiere entsprechend, ich komme oder ich komme nicht. Aber so etwas ist scheinbar nur mit solchen Vögeln wie meinem Boss zu machen.

„Du hast doch einen Vogel" wie oft musste er sich diesen Satz schon anhören.

„Ich würde ihn auch gerne fliegen lassen Lissy, aber der weiß scheinbar nicht ob er noch ein besseres Zuhause findet."

Also ich hoffe der fliegt nie weg ansonsten müsste ich weglaufen, aber wohin und zu wem? Die Illusion hat er mir sicherheitshalber schon einmal genommen. „Wo anders ist es nicht unbedingt besser aber eventuell anders." Wenn das denn so ist kann ich mir doch jeglichen Gedanken an einem Wechsel ersparen. Sollte ich mal von Zweifeln befallen sein rufe ich kurz seine Lebensweisheit ab die da lautet „ Man wird im Alter nicht unbedingt klüger aber man merkt das die Anderen auch nicht klüger sind."

Ja und dieses beweist er seinen Opfern fast jeden Tag, womit er dann auch seinem Leben den nötigen Sinn über seinen Blödsinn gibt.

„Warum laufen sie mit dem Hund ständig hinter mir her?" glaubte eine Frau uns unberechtigterweise fragen zu müssen.

„Jetzt wo sie sich umdrehen fragen wir uns das auch" beantwortete mein Ironiker äußerst höflich diese Frage.

Womit er mal wieder seine eigene These bestätigt hatte „Lissy wie klug jemand ist erkennt man in der Regel an der Frage und nicht an der Antwort, aber natürlich gibt es bei jeder Regel auch Ausnahmen.

Nun dann will ich mal zu seinen Gunsten hoffen dass es sich bei dieser Regel um eine Ausnahme handelt, dieses sollte wiederum aber auf keinen Fall zur Regel werden.

Das nächste Gespräch fand auch wieder mit einer Dame statt, sie kreuzte unseren Weg und behauptete nicht wir würden hinter ihr herlaufen. Aber weglaufen taten wir auch nicht, so kam es zu den üblichen Plaudereien.

„Sie behandeln ihren Hund aber ausgesprochen gut" ließ sie uns zu meiner besonderen Freude wissen. „Das hat meine Lissy sich auch verdient, Hunde sind sehr treu" antwortete er ihr Wahrheitsgemäß.

„Wie gut dass ich sie getroffen habe" verblüffte die Dame uns „wahrscheinlich ist das die Erklärung dafür dass mein Mann mich wie einen Hund behandelt, er möchte wohl dass ich ihm treu bin."

Das wäre für diese Frau eine einzigartige Gelegenheit gewesen es nicht zu sein oder bleiben denn ich hätte ihr höchstens unabsichtlich den Teppich versaut, aber mancher Mann ihr ganzes Leben.

Sie tat dann auch das was ich in solchen Situationen auch immer mache, einfach erfreut des Weges gehen.

„Es bleibet dabei die Gedanken sind frei" sagt zumindest mein Boss immer zu mir, ich scheine also doch nicht alles über ihn zu wissen.

Und der Weg ging direkt heim zu Frauchen, einfach mal so tun als wenn irgendetwas für uns zu tun wäre. Und mein Chef bekam auch zu seiner Enttäuschung etwas zu tun. „Du musst noch etwas einkaufen " lautete der kurz und bündig erteilte Auftrag.

„Es regnet gerade da jagt man nicht einmal einen Hund vor die Tür "versuchte er sich rauszureden. „Deshalb bleibt Lissy auch bei mir im Haus" schloss sie den Auftrag ab.

An solchen Tagen empfiehlt es sich den Wünschen seiner Gattin Folge zu leisten, für nur ein nicht angebrachtes Wort bedarf es unter Umständen 1000 Worte der Wiedergutmachung. „Und wenn du zurück bist darfst du noch Staubsaugen" ignorierte sie auch noch Herrchens und meine Angst vor dem Staubsauger. Vor nicht allzu langer Zeit konnte sie im Zweifelsfall noch das Druckmittel Liebesentzug einsetzen, doch dieses Schwert wird immer stumpfer. So ging er ohne die üblichen Randbemerkungen in der Hoffnung nicht an aktivere Zeiten erinnert zu werden denn Nostalgie sei auch nicht mehr das was es einmal war, laut seinen Worten.

Natürlich war er schneller wieder zurück als wir befürchtet hatten, wie ich schon mehrfach behauptete , ohne mich bellt ihn noch nicht einmal ein Hund an und welche Frau würde ihn ohne mich mit nach Hause nehmen.

Es könnten aber auch seine Wahrnehmungsstörungen sein dessen Auslöser ich noch nicht entdeckt habe, meinte er neulich doch „Manchmal sehen die jungen Mädchen aus wie Männer die wie Mädchen aussehen."

Und ich sage er redet Blödsinn der auch Blödsinn ist. Ein scheinbar alter Bekannter fragte „Was macht denn dein Leiden wo du immer darüber geredet hast?" „Wir sind immer noch glücklich verheiratet " verblüffte er nicht nur mich.

Wenn ich das Frauchen wissen lasse dann könnte es ihm so gehen wie einem zukünftigen Ehemann. 2 Frauen unterhielten sich derart laut das weghören nicht möglich war. „ Kann es sein das dein Verlobter stottert?" fragte eine nicht gerade diskret. „Da mach dir mal keine Gedanken, wenn wir erst einmal verheiratet sind hat der eh nichts mehr zu sagen, „ antwortete die Andere.

Na hoffentlich erfährt der Verlobte noch frühzeitig worauf er sich da einlässt, so viel Glück wie meinem Meister wiederfährt nicht jedem.

Aber meine Beiden haben wenigstens so etwas Ähnliches wie eine Streitkultur, sie haben ein Abkommen getroffen das jeder dem Anderen seine Meinung respektvoll mitteilt um anschließend darüber zu diskutieren.

Diese Diskussionen haben aber lediglich die Funktion mein Frauchen von seiner Meinung zu überzeugen.

„Das ist wie in der Politik Lissy, die Entscheidung dient letztendlich dem Allgemeinwohl und ich weiß am besten was Euch gut tut.

„Bei jeglichen Wahlen, und seien sie noch so demokratisch, wird lediglich entschieden wer uns diktiert."

Frauchen und ich lassen ihn auch gerne diktieren, verfügen wir doch über die Möglichkeiten ihm unbemerkt unsere Wünsche auf diktiert zu haben.

Ich durfte erst neulich beim Gassi gehen mit ansehen wie es enden kann wenn Menschen nicht respektvoll miteinander umgehen.

„Du bist schon wieder betrunken " schrie eine Frau ihren männlichen Begleiter in aller Öffentlichkeit an. „Sei still" schrie er noch lauter zurück „es ist bereits schlimm genug das ich dich doppelt sehe."

Mein Boss wird seine Liebe niemals doppelt sehen können, denn sie ist einmalig. Aber sie ist nicht nur einmalig sondern auch sehr friedfertig, das hat mein Chef amtlich bestätigt.

Eine leichte Verletzung machte einen Arztbesuch nötig.

„Was haben die gesagt" wollte Frauchen gleich bei seiner Rückkehr wissen. „Die haben mich gleich am Anfang gefragt ob ich verheiratet bin, ich habe ihnen aber gesagt das du nichts damit zu tun hast."

So ist unser Scherzkeks nun einmal, selbst meinen männlichen Artgenossen in heimatlichen Gefilden ist es zur Genüge bekannt, seine Präsenz macht eigentlich die Antiwelpen-Pille entbehrlich.

Kein Rüde ist ihm gut genug für mich und es hat sich herumgesprochen.

Da mir aber bewusst ist das die Ignoranz mir gegenüber eigentlich meinem Hüter der Unschuld gilt, leidet mein narzisstisches Verhalten nicht darunter.

Vor einigen Tagen, Frauchen hatte einen Friseurtermin den ich auf Grund meiner Kosten reduzierenden Struktur nicht benötige, fuhr mein Boss mit mir zum wandern ins Grüne. „Zurück zur Natur" lautet einer seiner ermüdenden Sprüche, aber scheinbar nicht zu Fuß, wie ich leider feststellen darf.

Nach einer ausgiebigen Wanderung bei der ich, dem Selbstwertgefühl sei Dank, ein gesteigertes Interesse an meiner Präsenz feststellte, knurrte meinem Boss der Magen.

„Das Geld welches durch deine Kurzhaarfrisur nicht beim Hundefrisör landet werden wir heute der Gastronomie zukommen lassen."

Eine vernünftige Entscheidung denn das knurren seines Magens durchbrach bereits die idyllische Ruhe auf unserer Strecke.

Die Bestellung wurde zügig aufgegeben, leider nur für eine Person."Zu Hause wartet der gekochte Schinken bereits auf dich, du kannst nicht verlangen das ich ihn esse „ gab er die Erklärung dafür ab.

Den hätte ich auch noch zusätzlich gegessen, so wird er hier quasi von meinem eingespartem Friseurgeld speise.   Soviel egoistisches Verhalten müsste eigentlich geahndet werden, was es zu Glück auch tat.

„Herr Ober gibt es eine Erklärung dafür dass mein 5 Minuten Steak nach 50 Minuten immer noch nicht fertig ist?" Die Erklärung war nicht wirklich hilfreich, dafür aber die Worte meines Chefs „Was für ein Glück das ich nicht die Tagessuppe bestellt habe."

Und was für ein Glück das er anschließend nach dem betanken des Autos im Shop nicht noch für Unruhe gesorgt hat. Aber ganz ohne einen Spruch entkommt ihm so schnell keiner.

„Hier mit diesem Los können sie unter Umständen etwas gewinnen" teilte ihm die Kassiererin beim Überreichen mit.

Das kennt mein Boss ja zur Genüge daher auch nur die Frage „Was außer der Erkenntnis nur an Erfahrung gewonnen zu haben ist für mich da noch drin?" Das macht ihn so unberechenbar er möchte unbedingt den Grund der Schenkung erklärt haben.

Aber das einzige Geschenk war die Informationszeitschrift wo zu lesen ist was man noch alles nicht gewinnen kann wenn die neusten Produkte gekauft werden.

„Das wäre eigentlich etwas für dich Lissy, mit Speck fängt man Mäuse, und den Speck könnte ich dir zukommen lassen." Der ist mir allerdings zu fett, da bleibe ich lieber beim gekochten Schinken und außerdem beschleicht mich der Verdacht das manche Menschen etwas scheinbar Gutes tuen um unauffällig etwas nicht so Gutes tuen zu können.

Solch ein Beispiel werde ich jetzt benennen damit Nachfolgegenerationen zumindest nicht auf folgenden Trick reinfallen. Eine Bratwurst im Brötchen die angeblich umsonst ist, wurde meinem

Boss an einem Verkaufsstand angeboten. Wer sagt da schon nein auch wenn er bereits satt ist." Aber bitte mit viel Senf damit man die Wurst nicht so schmecke" glaubte er noch unbedingt erwähnen zu müssen. Ja und dieser Senf der war natürlich kostenpflichtig.

Aber so eine Retourkutsche war längst fällig für meinen Ironiker und die steckt er auch locker weg. „Lissy „ sagte er zu mir „Wir Menschen sind meistens nur stark genug zu ertragen was Anderen wiederfährt, und ich wollte dir mal das Gegenteil beweisen."

Mir muss er überhaupt nichts mehr beweisen, so wie der mit seinen Mitlebewesen umgeht müssten sich höchstens die Anderen rechtfertigen. Das muss endlich mal kundgetan werden, mein Boss selbst würde niemals so etwas über sich selbst behaupten , wie ich schon einmal andeutete er tut sich mit dem Lügen wesentlich schwerer als manch Andere mit der Wahrheit. Und das obwohl ihm bekannt ist das die Wahrheit nur dem schädigt der sie ausspricht.

Ein Gerechtigkeitsfanatiker ist er außerdem, möchte wissen warum Mein Boss kein Jurist geworden ist."Das ist nichts für mich" teilte er mir auf Anfrage einmal mit „da wird die Gerechtigkeit mit dem Recht betrogen."

Sie merken schon ohne seine Philosophischen Sprüche geht nichts und wie mir scheint handelt es sich dabei um Rache an die Wirklichkeit.

„Ihr Hund hat hier keinen Zutritt" und das noch in einem herablassenden Ton voller Arroganz und ohne eine nachvollziehbare Begründung, da wird mein Großer zum Terrier. „Das Bellen meiner Lissy ist wesentlich aussagefähiger als ihre unartikulierten kaum verständlichen Worte" musste sich ein Kerl anhören der in einem Telefonshop vortäuschte Kundendienst zu betreiben.

Zwei weitere genau so aussehende männliche Gestalten, entweder waren die geklont oder von einem Wurf, grinsten auch noch herablassend.

„Nein sagte mein aufgebrachter Meister, der hat Recht das ist dir auch nicht zumutbar in diesem Umfeld. Ich vergesse ja nie ein Gesicht aber bei

Denen würde ich mich freuen eine Ausnahme machen zu dürfen."

Aber ich durfte wieder einmal etwas dazu lernen, zumindest bei diesen Menschen scheint sich das Materielle wesentlich schneller zu entwickeln als das Geistige. Endlich wird mir auch klar was mein Boss mit seiner Bemerkung „Bei gewissen Leuten kann nicht einmal ein Gehirnschlag Schaden anrichten" meinte.

Das Miteinander unter uns Hunden ist von einer ganz anderen Qualität geprägt als bei den Menschen. Wir setzen überwiegend unsere Mimik ein, da wir diesbezüglich nicht manipulieren erkennt der Andere sofort was gemeint ist und reagiert entsprechend.

Was soll ich mit 8kg. Körpergewicht gegen einen Zähnefletschenden 30 kg. Brocken denn ausrichten, da ist doch alles argumentieren geradezu lächerlich. Und außerdem wenn man glaubt reden zu müssen sollte es doch wirksamer als das Schweigen sein. Aber wenn die Menschen nur dann reden würden wenn sie auch wirklich etwas zu sagen hätten, würde es um den Gebrauch der Sprache schlecht aussehen.

Ich suche mir lieber einen 50kg. schweren Freund und lasse das Problem von dem lösen. Das begleichen der Rechnung erfolgt über vage Versprechungen, so lebt es sich viel gesünder.

Diese Weisheit habe ich aus Erfahrungen gewonnen und die Erfahrungen wiederum aus Dummheiten, all diese Erkenntnisse verdanke ich den Menschen.

Fülle deine Tage mit Leben und nicht nur dein Leben mit Tagen, das war wohl auch der Grund warum mein Großer auf die dümmliche Bemerkung eines jungen Mannes einging auf unserer Strecke. Der wollte anscheinend 2 kichernden Mädchen, welche sich bei ihm eingeharkt hatten, imponieren.

„Wie heißt denn dieser kleine Köter?" Mit dieser unhöflichen Frage war es ihm auch sofort gelungen die beiden Intelligenzbestien an seiner Seite zu erheitern.

„Würden sie bitte diese sehr unverständlich artikulierte Frage in verständlicher Form noch einmal, aber diesmal an den direkt Betroffenen, richten." „Ich kann ihnen versichern, sollten sie über einen entsprechenden Wortschatz verfügen, von meinem Hund auch eine deutliche Antwort zu bekommen."

Das Kichern der Mädchen verstummte schon und die Gesichtszüge dieses Typen drohten zu entgleisen. Aber die freundliche Fragestellung von meinem Boss ohne ein Anzeichen von Aggression, verunsicherte ihn gewaltig. So zog er nach einer weiteren dümmlichen Bemerkung mit seinen nicht mehr kichernden Damen friedfertig von dannen.

„Lissy wenn der Klügere ständig nachgibt triumphiert letztendlich die Dummheit" beantwortete er meine mit den Augen gestellte Frage nach dem Grund seiner Reaktion

Zu meinem Glück trafen wir an dem Tag noch den Prostata Geschädigten mit seinem Freund, da werde ich nie beleidigt die haben genug Probleme mit sich selbst. „Wie läuft es denn so mit dem was eigentlich flüssig laufen sollte?" kam mein diskreter Boss auch gleich zur Sache. „Ich komme gerade vom Arzt, muss nur noch eine Urinprobe abliefern." Hätte er uns das nicht verraten wäre mein Boss um seinen üblichen Spruch, der da lautete „Warum hast du nicht gleich deine Unterhose dagelassen ‚", betrogen worden.

Ruck zuck waren die Gespräche in vollem Gange und wesentlich informativer als Fernsehen oder Radio. „ Ich war neulich sogar vor der Flimmerkiste eingeschlafen und bin erst durch den laut geäußerten Wunsch einer leicht bekleideten Frau wachgeworden, „ ließ uns der andere Bekannte wissen.

„Ich möchte doch bitte unter der angegebenen Telefonnummer unbedingt anrufen"   „Schön das du angerufen hast ‚" meinte sie „sage mir was du willst, ich tue alles für Dich."   „Das Gespräch fand allerdings überraschenderweise ein schnelles Ende als ich sie bat doch zurück zurufen."

Ja hier kann ich als Hund auch etwas lernen und zwar wie viel Zweibeinige Sauhunde es doch so gibt. Diese intellektuelle Gesprächsstunde endete mit einer weiteren Feststellung dass die Menschen sich eigentlich nur auf uns wirklich verlassen können. „Ein sogenannter Freund wollte mir Gestern bei der Reparatur meines Autos helfen, hat mich aber unentschuldigt im Stich gelassen", erfuhren wie von dem der noch die Urinprobe abliefern muss.

„Kennst du jemanden der mir helfen würde?" fragte er ausgerechnet den technisch Begabtesten in der Runde, meinen Chef.

„Die hilfreichste Hand findest du am leichtesten am Ende deines Armes „ lieferte mein Großer die Problemlösung.

Während die Drei auf dem flachen Niveau weiterplapperten, zum Glück wurde aus Unkenntnis das Weltgeschehen als Gesprächsthema ausgeklammert, dafür aber das Angebot an Illustrierten in den Warteräumen der Ärzte bemängelt, schaute ich den Vertretern meiner Rasse bei ihrem Zeitvertreib zu.

Aber auch bei Denen scheint sich alles immer wieder zu wiederholen. Die von der Natur etwas anders Ausgestatteten als ich rennen wie üblich hinter solchen wie mir hinterher, welche wiederum so tuen als wäre es ihnen unangenehm.

Nicht eine von den Damen wirkt dabei überzeugend, aber das hat sich bei den Jungs längst rumgesprochen. Außer bei mir vergeuden die dabei nicht ihre Zeit, obwohl sie davon genug hätten.

Meine Warnungen an die Damen blieben leider fruchtlos und die Resultate der erfolgreichen Werbung wachsen ohne Vater auf.

Bei den Menschen läuft scheinbar auch einiges aus dem Ruder, Herrchen hat mich wissen lassen das mehr Kinder ohne Vater aufwachsen sollen als nach einem Krieg.

Das wäre wahrscheinlich auch bei einem Bekannten von meinem Meister passiert wenn es geklappt hätte was er vor hatte.

„Darf ich sie zu einem Glas Wein einladen?" wollte er von einer Frau wissen."Das wäre nicht gut da Alkohol mache Dinge schöner erscheinen lässt als sie in Wirklichkeit sind, ließ sie ihn wissen.

Das sind alles Geschichten die ich auf der Strecke erfahre, da würde manch andere Hund gerne mit mir tauschen.

Eine Wiesenfreundin musste miterleben wie ihr Herrchen den Liebhaber von ihrem Frauchen erschossen hat der auch noch sein bester Freund war.

„Das war bestimmt ein Schock für dein Frauchen „
„Ja das kann man wohl sagen, wenn der so weiter macht haben die bald keine Freunde mehr."

Eine Andere Freundin berichtete von einem traumatischen Erlebnis in ihrer Familie. „Ich liebe mein Frauchen mehr als Herrchen es tut" berichtete sie. „Er behandelt und Beide sehr schlecht, so schlecht das mein Frauchen sich mit Gewalt wehren musste. Ich dachte sie bringt ihn um." „Da hast du doch bestimmt eingegriffen „ fragte ich sie. „Nein das habe ich nicht weil ich glaubte dass sie es alleine schafft."

„Hat sie aber nicht, er ist immer noch mein Herrchen und ihr Ehemann, das einzige was sie nur noch verbindet scheint der gemeinsame Hochzeitstag zu sein."

Ja das ist keine leichte Aufgabe für uns Hunde immer zwischen den Fronten stehen zu müssen, Jemandem Zuneigung zu gewähren der eigentlich Verachtung verdient hätte. So etwas ist scheinbar nur mit so treuen Geschöpfen wie uns zu machen.

Nach all diesen deprimierenden Geschichten forderte ich bei meinem Boss, welcher immer noch ungestraft seine Bekannten mit Ironie überhäufte, den Heimweg an. Auf dem Weg nach Hause ignorierte ich sogar einen äußerst attraktiven Rüden der permanent hinter mir her bellte, meine Gedanken galten Frauchen.

Wie sollte ich bei ähnlichen, für mich eigentlich unvorstellbaren Situationen daheim, reagieren. Jetzt weiß ich es, meinem Großen einfach mit Liebesentzug drohen das wäre noch wirksamer als wenn Frauchen ihm ihre Kochkunst entzieht.

Das war schon beim Mittagessen spürbar, seine größte Liebe nach mir hatte für uns Beide etwas Anderes zubereitet.   Er schaute ständig beim Essen auf meine Portion, am liebsten hätte er mit mir getauscht, nur die Aufrechterhaltung des Ehefriedens hielt ihn davon ab.

Am Abend schauten wir auf Wunsch von Frauchen eine seltsame Sendung, dort sollte die schönste Frau der Welt gekürt werden, und das obwohl mein Frauchen und viele, viele Andere nicht einmal gefragt wurden und dabei waren. Da saßen also einige Menschen welche sich Juroren nannten aber bei eigener Kandidatur vom Aussehen her bei jeder Vorausscheidung gescheitert wären.

„Die, Lissy welche du dort zwischen all den Werbeplakaten über Schönheitsprodukte noch sehen kannst, nennt sich Jury. Und diese Menschen verfügen über die einmalige Fähigkeit die angeblich Schönste unter den Anwesenden erkennen zu können. Die Gewinnerin von Gnaden der Jury hat dann die Möglichkeit den ganzen Verliererinnen auf dem Planeten über Werbung zu demonstrieren mit welchem Produkt sie auch so aussehen könnten."

„Und all die Menschen die es versäumt haben die schönste Frau der Welt sehen zu dürfen werden bald über die Medien mit weiteren nutzlosen Informationen versorgt." Aber mein Boss sagte schon vor längerer Zeit zu mir „Die Medien hatten früher das Niveau ihrer Verfasser, Einige jetzt nur noch das ihrer Leser."

Gut dass ich dieses Spektakel einmal miterleben durfte, wurde ich doch einst für eine derartige Veranstaltung für Hunde vorgeschlagen. Aber der Gedanke als wirklich Schönste eventuell auf die

Plätze verwiesen zu werden war unerträglich. Nein ich muss wirklich nicht von irgendjemand bestätigt bekommen der schönste Hund zu sein, mir reicht dass meine Familie und ich selbst auch, es ohne Juroren wissen.

Ich kann mir so richtig vorstellen was mich als offizielle Gewinnerin erwarten würde. Bevor die mit den Kameras kommen müsste ich mich von einer Aufgetakelten auftakeln lassen wo eigentlich nichts mehr zu verschönern ist. Dann die richtige Position mit der angeblichen Schokoladenseite, in die Kameras grinsen mit einem Kauknochen eines Werbeträgers in der Schnauze. Anschließend das wohlgehütete Geheimnis verraten welches Shampoo mich zu der Schönheit gemacht hat die ich auch ohne längst war. Den echten Schmuck vom Juwelier nicht zu vergessen, der erst eine Ausnahmeerscheinung auf vier Pfoten den letzten Glanz verleiht.

Alle Rüden würden mir angeblich zu Pfoten liegen, und ich natürlich meiner Familie auf der Tasche. Ja und wenn dann kein Shampoo und teurer Schmuck mehr helfen mein Pseudoaussehen aufrecht zu halten , selbst die Aufnahmen aus weiter Distanz den bröckelnden Lack nicht mehr verbergen können bleibt mir nichts Anderes mehr über als mich bei Hunde im Camp zu bewerben.

Dort bekäme ich unter Umständen das von mir beworbene Hundefutter zu fressen welches mir schon bei den Werbeaufnahmen überhaupt nicht bekommen ist.

Gut das hämische Geläster der Fernsehzuschauer würde ich nicht hören, aber meine Familie die mich noch lieben und bewundern werden wenn ich schon in Rente bin und zum Gassi gehen getragen werden muss, gebe ich nicht auf.

Als ich den darauffolgenden Tag erwachte galt mein Blick sofort der Umgebung, der Albtraum der Nacht verwandelte sich in die herrliche Realität meiner gewohnten Rituale. Herrchen hatte die Brötchen schon ohne meine Begleitung besorgt, die Zeitung lag auf dem Tisch und der gekochte Schinken musste auch nicht mehr angefordert werden. Frauchen unterbrach nach der üblichen Periode des Schweigens die himmlische Ruhe auf Grund eines Verbrecherfotos in der Zeitung.

„Die Polizei sucht dringend einen Verdächtigen und benötigt dabei die Hilfe der Leser." Das war dann auch der Auslöser der mir einen weiteren heiter ironischen Tag versprach. „Die hätten den mal verhaften sollen als sie das Foto gemacht haben, dann benötigten sie unsere Mithilfe nicht."

Ja so macht der Morgen Spaß, es konnte nur noch lustiger werden. Und das geschah auf Grund der Tatsache das mein Frauchen eine Werbung in der Zeitung sah die mein Boss wohl versehentlich beim üblichen Entsorgen dieser Verführer, übersehen hatte.

„Schau mal diese herrliche Brücke, noch nicht mal so teuer, die würde sich in unserem Schlafzimmer gut machen."

Da war ich aber äußerst gespannt mit welchem Argument er ihr diese nicht wirklich benötigte Brücke ausreden würde denn wer behauptet das man Glück nicht kaufen kann sah niemals Frauen beim Shopping.

„Schatz wir kaufen uns erst eine neue Brücke wenn die Alte dem Verkehr nicht mehr gewachsen ist."

Ich denke mal die darauf folgende Konversation mit dem Versuch der Findung für den unzureichenden Verkehr sollte im Interesse meiner Beiden der Schweigepflicht unterliegen. Denn wenn er mal so richtig sauer auf mein Frauchen ist vergreift er sich schon einmal im Ton.

„Bei der Qualität der heutigen Fertiggerichte wüsste ich nicht warum Männer heiraten sollten „ ließ er uns als Warnung wissen.

Natürlich schleppte er danach von Frauchens Geld einen teuren Blumenstrauß an weil ihm etwas später eingefallen war das er zu seinem Glück geheiratet wurde. Reue scheint bei den Menschen verspäteter Verstand zu sein.

„Was habt ihr Beiden den Heute vor?" Mit dieser strategischen Frage lenkte seine Anvertraute das Gespräch wieder in geordnete Bahnen.

Was soll den auch dieser Schwachsinn sich Gegenseitig Respekt - und Würdelos zu behandeln. Selbst wir Hunde wissen bereits wie so etwas endet.

„Es tut mir leid Schatz, so war es doch nicht gemeint du hast mich mal wieder völlig falsch verstanden." Die könnten sich Alle mal ein Beispiel an uns Hunden nehmen, wir reißen die Schnauze nur auf wenn es angebracht oder von Nöten ist. Als Welpe darfst du bellen, ja deine Familie freut sich geradezu darüber, später nicht mehr. Aber vielleicht provozieren die Frauen auch ganz gezielt, es ist immer noch die unauffälligste Möglichkeit mal wieder an ein paar frische Blumen zu kommen.

Aber jetzt zurück zu der Frage was wir machen wollen.

„Ich habe mir vorgenommen mal nichts zu schaffen, hoffentlich halte ich durch und schaffe das", waren seine Worte.

Laut seinen Sprüchen gibt es im Leben nur drei Möglichkeiten. Sich zu Tode arbeiten, oder sich zu Tode sorgen und zu Tode langweilen.

Also das mit dem Langweilen wird ihm dank meiner Unterstützung garantiert nicht gelingen, das schaffe ich schon.

Vielleicht schaffe ich es auch, wenn der Zeitpunkt gekommen ist in einer Urne für immer im Wohnzimmer meiner beiden Lieblinge präsent sein zu dürfen.

Zu Frauchens Entlastung haben wir natürlich nicht auf unsere Runde verzichtet und auch nach kurzer Zeit die Erste Kontaktierung vorgenommen.

„Merkst du eigentlich nicht dass der Hund dich im Griff hat und die Richtung angibt" war wohl einem Beobachter welchen er kennt, aufgefallen.

Da zeigte sich mal wieder die bedingungslose Treue meines großen Begleiters.

„Es handelt sich lediglich um eine berechtigte Auflehnung meiner Lissy, das ist mir lieber als blinder Gehorsam."

„Aber sie ist einfach zu dominant", hetzte der weiter gegen mich. „Sie warnt mich doch nur rechtzeitig davor etwas Nutzloses zu tuen und leistet damit genau so wertvolle Dienste wie mir den rechten Weg zu zeigen."

Diesbezüglich konnte und kann mein Chef sich auch verlassen, ich zeige ihm den richtigen Weg und er passt darauf auf das ich nicht vom rechten Weg abkomme.

„Die meisten Bekannten schütteln doch nur noch mit dem Kopf über deine Sprüche", beleidigte dieser Mensch auch noch meinen ironischen Meister.

„Das macht nichts" konterte der gleich „ich bin nur dafür verantwortlich was ich sage aber nicht was Andere daraus machen."

So das sollte es dann auch sein für diesen Tag, meine Beiden waren zu einer Veranstaltung mit großem Buffet eingeladen, da muss er sich noch etwas Ironie für den Abend aufheben und Frauchen mit dem aufrüsten beginnen.

Er wird wahrscheinlich nur das Hemd wechseln um somit ohne Worte auf die grassierende Armut hinzuweisen.

„Sei froh das du nicht mit darfst" griff er dem Geschehen schon einmal voraus „Wir werden dort etwas essen was nicht schlecht schmeckt, um mit Leuten zu sprechen die einem egal sind, und das von Dingen wo keiner so richtig eine Ahnung von hat." „Mit Anderen Worten eine Unterhaltung bei der in der Regel nicht sehr viel Gescheites gesagt wird und man sich viel Dummes anhört."

Na das sind ja tolle Perspektiven, das könnten meine Beiden auch daheim am Fernseher haben.

Das wird für mich wieder ein langer Abend, ich achte auf jedes Motorengeräusch und höre den Sound unseres Autos unter jedem Anderen heraus.

Mein Boss versucht schon seit langem mich bei „Wetten dass" anzumelden, wäre doch mal eine wirklich tierische Wette, und ich könnte den Zuschauern beweisen über welches außergewöhnliches Gehör meine Rasse verfügt.

Unbescheiden, wie ich glaube zu sein, möchte ich ein Beispiel dafür anbringen „Mein Hund kann lesen" glaubte ein Mann uns erzählen zu müssen. „Ja ich weiß" hat mein Boss sofort auf meine Fähigkeiten hingewiesen „Lissy hat es mir schon erzählt."

Und er erzählte mir auch was es für Höhepunkte bei der Veranstaltung gab. „Es waren außergewöhnliche Redner auf der Bühne die es verstanden haben mit viel Worten so gut wie nichts zu sagen, und dafür auch den berechtigten Applaus bekamen." „Während die meisten der Besucher noch unter dem Eindruck der Redner standen habe ich mich schon einmal von dem Angebot des Buffets beeindrucken lassen." „Wenn die Schlacht am Buffet beginnt muss man gewappnet sein. Wer nicht kommt zur rechten Zeit muss essen das was übrigbleibt."

„Nachdem die Gäste bestätigt bekamen was sie im Grunde genommen schon vorher wussten begann der Überlebenskampf am Buffet. Dank meiner Strategie sind wir nun satt und unbeschadet wieder bei dir."

Und darüber war ich mehr als glücklich. Auch wenn sie mit leeren Händen zurück kamen so füllten sie doch mein Herz.

Aber mein Meister füllte nicht nur mein Herz sondern beim anschließenden Gassi gehen auch noch die übliche Tüte. Diese späten Rundgänge sind nicht nur für die welche ihm nicht begegnen entlastend, für mich natürlich auch. Wir schauen uns in aller Ruhe die Schaufenster an, da kann er wenigstens sicher sein das es beim anschauen bleibt. Wir haben ja keine Zeit zu verlieren, das passiert eh nur beim Versuch Zeit zu gewinnen. Gewissensbisse gegenüber den Rüden welchen ich das Vergnügen stehle meinen Anblick zu genießen sind mir auch fremd, wie sagt mein bester Freund immer „Lissy für Gewissensbisse gibt es keine dritten Zähne, erspare sie dir ganz einfach."

Lediglich zwei Betrunkene begegneten uns um diese Uhrzeit auf der Strecke, und die beschimpften sich. „Du Schwein" schrie Einer den Anderen an.

Das sind übrigens die Tiere welche für meinen köstlichen gekochten Schinken zuständig sind und jetzt sogar noch zusätzlich die Funktion eines Schimpfwortes haben.   Was würden die Menschen bloß ohne diese Tiere machen, nichts zu essen und zu schimpfen, die scheinen unentbehrlich zu sein.

Das war auch der einzige Zwischenfall auf der Strecke, und die wichtigste Erkenntnis an diesem Abend, mein Boss beseitigte meine Notdurft sogar im Dunkeln obwohl Niemand es gesehen hatte.

Im Dunkeln gibt er auch noch eine recht passable Figur ab, wir sollten zu Gunsten des optischen Verfalls öfters die Gnade der Dämmerung nutzen.

„Du sahst schon mal besser aus" wurde ihm eines Morgens mal gesagt. „Da solltest du mich erst einmal am Abend sehen "beugte er damals schon vor.

Das würde auch sehr gut zu der allgemeinen Mentalität der Zweibeiner passen, sie suchen die Sonne um dann in den Schatten zu gehen.

Wir gingen also im Schutz der Dämmerung nach Hause um Frauchen unsere Absicht kund zu tuen. Sie hatte auch gleich die Situation richtig erkannt „Ja der Glaube kann Berge versetzen, nur wer soll die Hügel davor wegräumen?"

Selbst zu später Stunde gönnt er seiner früheren Verlobten nicht das letzte Wort „Schatz mein Problem ist therapeutisch anerkannt, auch wenn ich müde und durstig bin so kann mir doch Niemand das Wasser reichen."

Was habe ich doch Spaß und Freude an meinem alternden Ironiker, das könnte mir kein anderer Hund bieten.

Abends, bei der Auswahl des Fernsehprogrammes wird unser so vorbildlicher Demokrat wie üblich zum Diktator und wir müssen all das machen was er nicht verboten hat.

„Heute schauen wir uns die Übertragung des Fußballländerspieles an, " lautete seine zwingende Empfehlung „mal schauen ob der prozentuale Anteil derer gestiegen ist welche die Nationalhymnen mitsingen."

Das Ergebnis scheint ihn nicht zu interessieren, die welche nicht mitsingen sehr wohl. „Lasst uns bitte auch darauf achten welches Bier wir trinken sollen denn bei der Finanzierung dieses Spektakels müssen wir uns schon beteiligen."

Äußerst interessiert ist mein Boss an den Aussagen welche in der Halbzeitpause von sogenannten Experten kundgetan werden.

„Passt mir gut auf" rät er „da wird euch die Möglichkeit geboten das Gesehene noch einmal zu hören, die wissen jetzt schon warum das Spiel verloren oder gewonnen wird."

Das sind die Momente wo mein Meister der Werbung dankbar ist, das minimiert laut seiner Aussage das Gerede auf ein erträgliches Maß.

Randerscheinungen faszinieren ihn derart, dass Frauchen für die Erfassung des Endresultates zuständig ist.

Mich interessiert das Ganze überhaupt nicht, und ich scheine nicht die Einzige zu sein, nicht einen Hund habe ich unter den Zuschauern gesehen.

Gesehen habe ich leider, es handelte sich um einen warnenden Hinweis unseres Hausoberhauptes, wozu der menschliche Gedankengang in der Lage ist. Einen Film in dem Menschen sich und jeder anderen Kreatur, grausames zufügen."Alleine die Fantasie derartige Gewalttaten zu inszenieren ist krankhaft und zeigt uns wozu Menschen fähig sein könnten" erklärte er.

„Wer von diesem absolut unnötigen Dreck, welcher die Hemmschwelle der Menschen herabsetzt, nicht alles mitbekommen hat darf sich freuen, auf Grund der starken Nachfrage sind weitere Produktionen in der Vorbereitung."

Dagegen sind die verbalen Ohrfeigen meines Chefs geradezu ein Wellnissprogramm. Nicht ganz so erholsam fand ich die zufällige Beobachtung eines Schulungsprogramms für Hunde welches den Hundehalter zum absoluten Chef im Ring macht. Einer von Denen hatte eine Pfeife im Mund und sobald er pfiff musste sein Hund auf der Stelle zu ihm.

Beim fünften Mal sah ich zufällig das Gesicht der dazu gehörigen Pfeife, freiwillig kehrt da kein Lebewesen zurück.

Meinem Boss habe ich sogar Die Ballwurfmaschine wieder abgewöhnt, es erschöpfte ihn körperlich zu stark fast alle Bälle alleine zurück zu holen.

„Wie weit bist du bei der Erziehung deines Hundehalters vorgedrungen?" wollte eine Hundedame von mir wissen. Außer meinem Hundehalter schien es jeder schon bemerkt zu haben.

„Na ja, Männchen machen oder Pfötchen geben, dieses Schulungsprogramm habe ich an mein Frauchen abgegeben." „ Mir reicht es schon wenn er nicht aufsässig ist", untertrieb ich lediglich.

Mit Radfahrern haben wir Beide des Öfteren Probleme, manche nehmen keine Rücksicht nicht einmal bei Platzmangel. „Halten sie den Hund dichter an sich, sonst haben sie die längste Zeit einen gehabt" wurden wir ohne Vorwarnung von einem dieser Gilde angebrüllt.

Ich denke mal den nicht mehr zu haben wäre für viele Mitlebewesen nicht so tragisch als mich nicht mehr zu haben. An meinem Oberhaupt prallt zum Glück derartiges Geschwätz komplett ab.

„Woher soll so einer auch wissen dass es wichtiger ist

Andere glücklich zu machen als durch Andere glücklich gemacht zu werden" kam der Philosoph mal wieder zum Vorschein.

Ich bin der Meinung dem wird im Leben weder das Eine noch das Andere wiederfahren. Wie schön für jeden Hund das solch einem Menschen das Fahrrad lieber ist als meine Spezies.

Solche Menschen können auch mit der Behauptung meines Bosses nichts anfangen, der ist der Auffassung „Der uns zugefügte Schmerz ist harmlos gegenüber den, welchen die sich selbst zufügen." Ja dieser Meinung kann ich mich nur anschließen, ein geistiges Duell scheidet auch aus da dieser Typ unbewaffnet ist.

Aber ein wenig später machte eine freundliche Frau alles wieder wett, ihre Augen waren derart verlangend, vor Freude habe ich sie mit meinen schmutzigen Pfoten angesprungen. Der Ruf meines Begleiters „Lissy nicht anspringen" erreichte mich erst im Flug. Nach der Entschuldigung und Erfragung bezüglich Schadensersatzes lächelte die Dame nur „Den hätte ich nur verlangt wenn das Herrchen mich angesprungen hätte."

„Mit welcher Summe müsste ich dann ca. rechnen?" fragte mein Boss, sehr wohl wissend dass es nicht mehr seine Spezialdisziplin ist. Umgeben zu sein von solchen Menschen kann helfen dem Spruch „Da wird ja der Hund in der

Pfanne verrückt" etwas von seiner Diskriminierung zu nehmen.

Aber verrückt können wir Hunde durchaus werden, das bedarf lediglich der Beobachtung einer Menschenansammlung in Verbindung mit Alkohol.

Was dort zu vorgeschrittener Stunde aus dem Mund mancher Zweibeiner kommt mit zusätzlichem unkoordiniertem Bewegungsablauf, gibt uns Hunden sehr zu denken.

Dagegen ist das was aus unserer Schnauze kommt eigentlich ein kostenpflichtiges Konzert.

Je öfter wir so etwas gesehen haben, je schwerer fällt es Uns zu glauben von der Krone der Schöpfung umgeben zu sein.

Meine Rasse trinkt übrigens nur wenn sie Durst hat, auf alkoholische Getränke verzichten wir schon deshalb damit wenigstens Einer in der Familie den Überblick behält. Wir wissen sehr wohl wie es um die menschliche Rasse bestellt ist. Das Böse was wir angeblich manchmal tuen bleibt ihnen nie verborgen und das Gute was wir tuen wird nie bemerkt.   Auch wenn die Menschen glauben gebildet zu sein, es ersetzt aber nicht unseren natürlichen Verstand.

  Es sollte aber niemand glauben nur ich würde das Verhalten einiger Vertreter der sogenannten „Krone der Schöpfung „ kritisch begutachten. Bei unseren Treffen auf den Wiesen gibt es sehr wohl einen Erfahrungsaustausch, wir rennen nicht einfach so da rum, nach Gelegenheiten suchend die Hundepopulation zu erhöhen, sondern diskutieren über etwaige Strategien.

Ich bin zwar keine Betroffene einer autoritären Behandlung, gebe aber gerne Tipps. Die Reaktionen unsereins müssen individuell angepasst werden, bei einem Halter reicht vielleicht Vortäuschung eines Gebrechens bei Anderen eventuell Mut.   „Ich sage immer zu meiner Zuhörerschaft „Mut ist ganz einfach Vertrauen auf die Angst des Gegners"

Und man kann nicht oft genug darauf hinweisen das Jene welche am lautesten brüllen am wenigsten mitzuteilen haben. Macht es wie ich und sagt euch „auch wenn er brüllt langweilt er sich selbst wahrscheinlich mehr als wie mich." Vorsicht ist auch geboten bei Phrasen wie „Wir müssen den

Gürtel enger schnallen" man will euch lediglich damit sagen „Ihr müsst den Gürtel enger schnallen." Und achtet bitte auf die Übergröße der Gürtel von Denen die es euch raten, da wäre reichlich Platz zum enger schnallen.

Unser größtes Problem ist die Tatsache das alles was wir tun ehrlich und unwiderruflich ist und wir sehr oft der irrigen Meinung unterliegen das wir so etwas von der Krönung der Schöpfung generell auch erwarten können.

Uns ganz alleine verdanken die Menschen soziales Verhalten, ohne unser Engagement gäbe es das Wort Liebe nicht. Und bitte liebe Menschen vergesst nicht das Liebe nicht besitzt und sich auch nicht besitzen lässt. Ich will jetzt aufhören um eventuell und irrtümlicherweise nicht als Aufwiegler inhaftiert zu werden, ich fordere lediglich zum hinterfragen auf.

Meine Familie gestattet mir dieses Engagement andere müssen erst noch darauf vorbereitet werden, und niemals vergessen, was zu Lasten Anderer geschieht verdient Verachtung.

Das wollte ich einfach mal hinaus bellen, Nachfolge Generationen werden davon profitieren ohne zu ahnen welche Opfer dafür erbracht wurden.

Sollte ich die Schnauze etwas zu weit aufgerissen haben bitte ich um das nötige Verständnis, sie wissen doch, wie der Herr so sein Hund.

Uns verbindet nun einmal eine tiefe Freundschaft und dazu gehört natürlich auch ein gemeinsames durchleben von Tiefen.

Noch etwas liebe Hundehalter, mir ist zu Ohren gekommen das einige aus unserem Diskussionskreis daheim zu hören bekommen „Solange du deine Pfoten unter meinen Tisch stellst bestimme noch immer ich was getan wird."

Haben nicht gerade diese Worte aus dem Mund Ihres Erzeugers unverständliches Kopfschütteln bei Ihnen ausgelöst. Oder kann es sein das alles immer so sein muss wie es war nur weil sie Angst vor Veränderungen haben.

Unter diesen Umständen ist es ratsamer ihren einzigen wahren Freund zur Adoption freizugeben, ein traurigeres Dasein kann er woanders auch nicht führen, am besten der Rest Ihrer Familie geht gleich mit Aber vielleicht kommt mein Rat noch früh genug, denn Misserfolge sind sehr oft ein nötiger Umweg für den wahren Erfolg.

So jetzt lassen wir das Gesprochene erst einmal langsam nach innen dringen, der erste Schritt auf dem Weg zur gegenseitigen Akzeptanz ist eingeleitet.

Natürlich tuen sich meine männlichen Artgenossen mit mir jetzt noch schwerer, gut aussehend, intelligent und jetzt auch noch als Hundeaufklärerin tätig, das ist wirksamer als jede Antiwelpenpille. Aber das bekräftigt nur meinen Entschluss ohne Partner zu bleiben somit erspare ich dem das was mein Boss zu seiner Gattin nach einem kleinen Zerwürfnis sagte „Teurer als eine Frau ist nur noch eine Exfrau."

Das ist aber auf keinen Fall der Grund dafür das er noch keine Exfrau hat, er darf froh sein das Frauchen keinen Exmann will.

Von ihr habe ich auch sehr viel gelernt was Diplomatie anbelangt, sie handelt nach der Strategie „Mit einem Schritt zurück kommt man manchmal besser vorwärts." Mein Boss ist eigentlich für sie wie eine Schachfigur, sie macht die Züge und er glaubt tatsächlich alleine gegangen zu sein.

Was haben er und ich doch ein Glück mit dieser Frau sie kann mit dem Herzen sehen, denn das Wesentliche ist ihrer Meinung nach für das Auge unsichtbar.

Unsichtbar war allerdings nicht ihre Verärgerung über einen dummen Spruch den er losließ als wir im Dreierpack unterwegs waren.

Eine junge Frau vor uns stolperte und fiel zu Boden, raten sie mal wer da unverzüglich Aufbauhilfe leistete. Es reichte ihm nicht sie einfach nur aufzurichten, nein selbst im Beisein seiner tragenden Kraft kam der übliche Spruch „Da haben sie aber Glück das ich gerade anwesend bin, denn ich arbeite beim Automobilclub und könnte sie auf Wunsch abschleppen."

Der Dame viel so schnell keine passende Antwort ein dafür aber seiner besseren Hälfte.

„Sie können es ja nicht wissen „bekam die Gefallene zu hören „der kann sich noch nicht einmal selbst nach Hause schleppen, ansonsten wäre ich gar nicht dabei."   Bei so viel Humor hatte die Dame keine Gelegenheit an ihren Schmerz zu denken, war auch besser so denn wem das Wasser bis zum Hals steht der muss nicht noch zusätzlich den Kopf hängen lassen.

Aber wir Drei haben den Kopf hängen gelassen als wir am Abend einen Bericht über Massentierhaltung sowie Tiertranporte gesehen haben.

Was der Mensch der Kreatur Tier antut ist nicht entschuldbar ,herzlos und brutal ohne Würde gegenüber der Gattung , meine Familie und ich verlieren immer mehr den Respekt vor der Krone der Schöpfung , wir schämen uns für diese Individuen.   Das einzige was an Denen echt ist kann nur Habgier und Falschheit sein.   Leider haben die Menschen diese Grausamkeiten schon bei der nächsten Blödelserie wieder vergessen. Das gelingt meiner Familie nicht, ich bin geradezu erschrocken wie aufrichtig meine Familie diesbezüglich ist.

Bei solchen Grausamkeiten kann man nicht zur Tagesordnung übergehen, mein Boss sagt „ein bisschen Dummheit kann in gewissen Situationen niedlich sein, aber hier sind mir einige zu niedlich.

Das musste einfach mal gesagt werden denn nicht Alle möchten sich zu Tode amüsieren.

Für meinen Chef ist die Ironie das benötigte Ventil, ändern kann er leider nicht viel da Menschen gerne Halbwahrheiten glauben, meistens die falsche Hälfte. Aber um den Leser mit Herz nicht den letzten Glauben an der Menschheit zu nehmen wenden wir und wieder dem überlebenswichtigen Humor zu.

Bei einem Spaziergang haben wir einen Schäfer mit seiner Herde kennen gelernt, und natürlich den dazugehörigen Hund." Das sind unsere Wollelieferanten „ wurde mir erklärt „die bleiben so lange an einer Stelle bis alles abgegrast ist dann ziehen sie zur nächsten Grasstelle."

„Wenn du möchtest kannst du hier in die Lehre gehen um mitzuhelfen die Schafe zu behüten." Was für ein unverschämtes Angebot , aber nur wenn er den Schäfer spielt. Auf diese Idee ist er scheinbar nur gekommen weil Frauchen ihn schon einmal als dummes Schaf betitelte. Aber als dummes Schaf kann er ja in die Herde eingereiht werden was wiederum die Sachlage verändern würde, aber ich könnte dann das machen was ich eigentlich immer mache, nur mit einem Schaf mehr.

Aber nach genauer Betrachtung, dafür sind wir Beide schon viel zu dekadent. Das Gras als Sofa oder Schlafstelle, die Schafe als desinteressierte Zuhörer seiner Sprüche, nein das kann weder den Schafen noch mir zugemutet werden.

Allerdings würde hier Niemandem auffallen das er nur 2 Hosen besitzt, und seine ehemalige Verlobte brauchte nicht mehr zu sagen „Deine neue Hose gefällt mir von Jahr zu Jahr besser."

Da gefällt mir die Aufgabe auf kleine Kinder auf zu passen viel mehr.

2 Frauen waren mit ihren noch sehr kleinen Kindern bei uns zu Besuch, das war mal eine tolle Aufgabe für mich dafür scheine ich geschaffen zu sein. Ich bin nicht von der Seite gewichen und habe den Müttern noch zusätzlich erspart ihren Kleinen noch einmal das Gesicht zu waschen. Da gab es

natürlich gleich Adoptionsabsichten der Mütter, ja dann hätten die ein feines Leben. Ich betreue die Kinder, das Betreuungsgeld landet in ihren Geldbörsen ,nicht einmal mehr baden brauchten sie ihre Kleinen dank meines abschlecken.

Dann hätten die allerdings die benötigte Zeit ihren 100 Freunden auf Facebook mitzuteilen wie hart das Mutterdasein ist.

Da betreue ich doch lieber mein dummes Schaf, der stellt keine Ansprüche an mich, ich bekomme zwar auch von ihm kein Betreuungsgeld aber wir geben uns gegenseitig Treuepunkte.   Unterdessen haben wir Beide so viel davon dass niemand uns als treuelose Tomate degradieren kann.

Wie ich ja schon in meinem 1. Buch berichtete gehen meine Adoptiveltern zwecks Findung ihrer Taillie nach wie vor regelmäßig tanzen. Natürlich nicht nach seinen eigenen Schlagern aber er erträgt zum Glück von Frauchen auch diese Fremdproduktionen.   Jahrelang glaubte ich er habe gar keine Taillie, aber man muss halt auch bereit sein sie finden zu wollen.

Bei ihren Trockenübungen zu Hause kann ich mich immer von ihrem Sinn für Rhythmus überzeugen und frage mich berechtigterweise warum mein Meister über die Tänze der Indianer im Fernseher lacht.

Die haben das damals schon, bevor die Weißen sie fast Alle beseitigt hatten, rhythmischer gemacht als er.

Wenn die ihn sehen könnten müssten sie noch lauter lachen.

Aber er lacht über sich selbst genau so „Glaube mir liebe Lissy „ sagte er „Die schwierigste Turnübung ist immer noch sich selbst auf den Arm zu nehmen."

Natürlich gibt es viele die über seine Sprüche entrüstet sind, aber auch dafür hat er schon die nötige Erklärung „Moralische Entrüstung beinhaltet auch ein wenig Besorgnis etwas verpasst zu haben."

Ja, mein Meister beherrscht wahrlich die Kunst sich alles passend reden zu können und es anschließend auch noch selbst zu glauben, es verschlägt mir manchmal das Bellen.

Nun dafür bellen mir meine männlichen Artgenossen immer noch reichlich nach, und ich denke jetzt schon mit Schrecken daran diese lästigen Geräusche einmal nicht mehr hören zu dürfen. Aber wer so lange an der Seite meines Ironikers verweilen durfte findet auch dafür eine selbst heilende Entschuldigung für die, welche nicht mehr bellen können. Außerdem ist mir zu Ohren gekommen, wer es in der Jugend bunt treibt soll meistens nicht mehr genug Farbe für das Alter haben.

„Interpretiere einfach alles zu deinen Gunsten" rät mein Boss mir „und bitte nicht glauben die Anderen wüssten wesentlich mehr als du, es tut ihnen nur gut anzunehmen du würdest es glauben." „Ich persönlich habe schon Dinge über mich gehört, die wusste ich selbst nicht, wenn Andere so wären wie ich sein sollte wäre alles in Ordnung." „Gegen Angriffe werde ich mich zu wehren wissen, allerdings gegen Lob ist man machtlos."

Mein Chef ist wirklich offen für Alles, aber trotzdem noch ganz dicht.   Einmal kam er zu mir weil er glaubte ich hätte Kummer und tröstete mich mit den Worten „Gedanken darf man durchaus haben

aber man sollte sich keine unnötigen machen."
Recht hat er, außerdem erspart man sich viele Gewissensbisse wenn man ein schlechtes Gedächtnis hat.

So helfen wir uns gegenseitig aus den immer mal wiederkehrenden Tiefs, das Glück in den Augen ist die schönste und gleichzeitig kostbarste Belohnung.

Wir wollen erst gar nicht darüber nachdenken uns nicht mehr gegenseitig zu haben, es gibt Verluste die nie wieder zu ersetzen sind und damit sind keine Materiellen gemeint.

Neulich wurden am Frühstückstisch einmal nicht über die nichtssagenden aber äußerst Zeitvertreibenden Belanglosigkeiten in den Medien diskutiert, nein über die Verwandtschaft. „Ist dir mal aufgefallen " sagte Frauchen wie lange wir Unsere Verwandten aus der geographisch östlich gelegener Region nicht mehr besucht haben?"
„Wir waren doch früher öfter mal dort und haben uns auch recht gut verstanden."

Seiner Mimik nach wusste er es sehr wohl spricht aber niemals schlecht von nicht Anwesenden.

Das tat er auch dieses Mal nicht sondern sagte lediglich „Seit man neuerdings überall hinreisen kann sind die entfernten Verwandten auch nicht mehr das was sie einmal waren." Und Denen geht es wohl nicht anders, der Wunsch der Menschen scheint über das Wollen zu stehen. Als bestes Beispiel kann doch hier gleich der Wunsch nach einem Haustier genannt werden, machen wir ihnen am Anfang ein wenig Kummer wollen uns einige nicht mehr. Man muss leider immer mit Menschen rechnen auf die man nicht zählen kann.

Was sind diese Zweibeiner doch seltsam konzipiert, richtig glaubwürdig wirken sie eigentlich nur in Begleitung unserer Gattung.

Was mir allerdings bei meiner Spezies aufgefallen ist, die Mütter lieben ihre Neugeborenen, bei den Vätern entdecke ich nur Gleichgültigkeit. Ich persönlich finde keine glaubhafte Erklärung dafür, mein angeblich Allwissender sehr wohl. „Die Hundemütter wissen im Gegensatz zu den Rüden dass es auch ihre Kinder sind." Also war meine Warnung an meine Artgenossinnen was ihre Freizügigkeit gegenüber dem männlichen Geschlecht anbelangt, durchaus berechtigt.

Nachwuchs sollte gewollt und nicht einer Laune heraus entsprungen sein, die moralische Qualität der Erzeuger überprüft werden, und natürlich sich der Verantwortung bewusst sein.

Auch möchte ich darauf hinweisen das nichts dagegen spricht mit einem gleichgeschlechtigen Partner zusammen zu leben und einen Welpen zu adoptieren. Die Erbfrage scheidet bei unserer Spezies von vornherein aus, alles was wir besitzen haben wir schon zu Lebzeiten gegeben, bedingungslose Liebe und absolute Treue.

Und trotzt dieser Attribute unserer Gattung soll es Menschen geben die uns zu ihrer Freude und eventuell Gewinn in Hundekämpfen aufeinanderhetzen.

In meiner Familie wurde darüber geredet, da gibt es doch tatsächlich Menschen die ihren Spaß daran finden.

Scheinbar gibt es nicht genügend Anstalten um die normal Veranlagten vor dieser Brut zu schützen. Ich schlage daher vor die Sadisten in einen Käfig zu sperren um dort ihre Gewalttaten an einander aus zu leben.

Das ist meiner Meinung nach äußerst human hätte man uns Hunde doch für so etwas längst eingeschläfert. Da ist so ein Boxkampf fairer, hier ruinieren die Kämpfer freiwillig ihre Gesundheit verhelfen den Veranstaltern sogar zu Wohlstand. Sehr bequem auch für die zahlenden Zuschauer wollten sie doch schon immer gerne Blut fließen sehen ohne dabei eigenes zu vergießen.

Vielleicht wäre es angebrachter nicht zu viel zu verraten denn mein Boss warnte schon „Lissy wer zu allem seinen Senf gibt gerät recht schnell in Verdacht ein Würstchen zu sein."

Gut dann bin ich eben ein Würstchen aber dann nicht mit Senf sondern Ketchup, so mag man uns doch bekannter Weise am liebsten.

Wenn mich jemand fragen würde was ich im Moment mag müsste die Antwort, Einfach nichts tuen" lauten. Das gefährliche an der Sache ist nur das Niemand weiß wann man damit fertig ist.

Ich scheine vom momentanen Verhalten meines Mentors infiziert zu sein, der liegt ziemlich oft faul auf dem Sofa. Nicht genug dass er mir die freie

Platzwahl erschwert, nein er führt auch Selbstgespräche

Frauchen und ich machten uns schon Gedanken über ihn wegen eventuellen Wahrnehmungsstörungen, er sich aber offensichtlich mehr über uns.

„Stört mich bitte nicht "sagte er „ich führe gerade ein Gespräch."

„Du führst ein Selbstgespräch „ war Frauchen schockiert. „Deshalb möchte ich auch nicht unterbrochen werden, habe gerade einen klugen Gesprächspartner."

Wahrscheinlich hat er sich gerade telepathisch mit mir unterhalten, ohne mein Wissen natürlich aber der Hinweis auf einen klugen Gesprächspartner deutet sehr stark darauf hin.

Bei uns Beiden ist es nicht mehr von Nöten akustische Instrumente einzusetzen, es herrscht ein blindes Verstehen.

Wenn wir zu meiner, und in diesem Fall auch seiner Lebensretterin der Frau Doktor fahren, leidet er mehr als ich. Ich darf bis zum Termin im Auto bleiben und muss mir nicht die Leidensgeschichten meiner Mitlebewesen anhören. Mein Boss lenkt mich in Auto mit den tollsten Märchen ab, da scheint er große Erfahrung mit zu haben. Wie sagt seine ehemalige Verlobte doch so oft „erzähle mir doch keine Märchen" die bekomme ich dafür jetzt zu hören.

Da denke ich immer unwillkürlich an die Geschichte meiner Wiesenfreundin. Die kleine Tochter ihres Frauchens wollte von der Mama ein Märchen hören und musste sich sagen lassen „Warte bis Papa nach Hause kommt, der erzählt uns Beiden eins."

Also mein Boss scheint nicht der einzige Märchenerzähler zu sein.

Einmal war ich eine geraume Zeit im Wartezimmer, es hatte sich leider nicht vermeiden lassen, also gegen diese Geschichten welche dort von Hunden und Haltern verbreitet werden sind Grimms Märchen und Frauchens Illustrierte höchste Unterhaltungskunst.

„Mein Hund springt freiwillig auf den Behandlungstisch" lautete eins dieser Märchen.

Wahrscheinlich gibt er sich auch die Spritze und operiert selbst mit eigenen Pfoten.

Hoffentlich will die Frau nicht auch noch Geld erstattet bekommen welches sie nicht einmal entrichtet hat.

„Ich habe mich bei der Jagt verletzt „ ließ mich ein gefährlich reinschauender Artgenosse wissen. Ja der hätte mal die Tiere in aller Ruhe das machen lassen sollen was er auch nicht gerne verboten bekommen mag. Und sein Herrchen, den habe ich mir mal in aller Ruhe angeschaut, der hatte Bewegung viel nötiger als sein Hund.

All dieses bleibt mir jetzt im Auto wartend erspart, und den Lebewesen im Wartezimmer mein Zittern. Erzählen sie aber bitte diese Geschichte mit meinem Zittern nicht weiter, das sage ich nur deshalb weil in der Regel von Dreien nur ein Geheimnis bewahrt werden kann wenn Zwei davon schon tot sind, und das ist kein Zittern wert.

Bei der Rückfahrt von meiner Ärztin kam das Thema Jagen noch einmal zur Sprache. „Ganz früher mussten die Menschen jagen um zu überleben", erzählte mein Boss mir „heute machen das Andere für Uns, aber es bleibt den Menschen ja immer noch die Jagd nach dem Geld."

Kaum zu Hause gab es gleich Ärger mit Frauchen, Ihr Gatte hatte schon viele Male versprochen eine kleine Reparatur zu vollenden, jetzt sollte er Stellung dazu nehmen. Hier wäre eine Notlüge angebracht gewesen aber er sagte nur „manche Arbeiten müssen sehr oft verschoben werden bis man sie endlich vergießt."

Sein Einsatzgebiet ist halt außerhalb des Hauses, aber selbst dazu benötigt er mich. Wenn ihm eine nachschauen soll muss ich ihn ja begleiten.

Ich habe mal gefragt ob es sein kann das er sich selbst am meisten mag."Na klar Lissy, wenn ich mal von deinem Frauchen und dich absehe, nur wer in sich selbst verliebt ist hat wenigstens keine Nebenbuhler." Von dem ersten Bekannten auf der Strecke wollte er wissen warum der so nervös ist.

„Ich versuche mir das Rauchen abzugewöhnen, das fällt mir nicht leicht."Was soll denn daran so schwer sein" bekam der zu hören „es gibt Leute die haben mindestens hundert Mal erfolgreich versucht sich das Rauchen abzugewöhnen." Ja diese Wortspiele beherrscht er besser als Nägel in die Wand zu schlagen. „Ich will es schaffen, habe kein Interesse daran zu früh auf den Friedhof zu kommen."

„Was ich dir beim letzten Besuch meiner zukünftigen Ruhestädte sagte Lissy" das Geld für die Friedhofsmauer hätte man sich sparen können, wie du soeben gehört hast die welche draußen sind wollen nicht rein und die drinnen sind können nicht raus."

Das war mal wieder ein unterhaltsamer Rundgang, das letze Gespräch vor dem Heimathafen führte mein Boss mit einem rauen Mann, Typ Diktator.

„Der behandelt seine Untergebenen wie Knechte „ sagte mein Meister als wir wieder unter Uns war.

Dann sollte der Diktator mal über diesen Spruch nachdenken der die ganze Wertschätzung gegenüber solchen Typen wieder spiegelt.

Der Herr zum Knecht „Heute geht es mir schlecht" darauf der Knecht zum Herrn „Das höre ich gern."

Aber das ist diesen Herren meistens egal, denen könnte eigentlich nur noch ein Hund zu

Menschlichkeit verhelfen aber ich bin diesbezüglich in meiner Familie voll ausgelastet.

Wir Hunde leisten einen viel größeren Beitrag zu einer humaneren Welt als manche Menschen überhaupt erkennen. Unsere Präsenz ermöglicht es Ihnen dem Dasein einen Sinn zu geben denn um sich selbst müssen die sich nicht unbedingt kümmern, irgendeine Institution macht das schon.

Erst unsere Anwesenheit zwingt sie zu ihrer moralischen Verpflichtung.

Wir sind ja auf deren eigenen Wunsch bei Ihnen, bei sich selbst hatten sie diese Wahl nicht. An dieser freiwilligen Aufgabe wachsen somit zum Glück die Menschen und tragen damit zu einer funktionsfähigen Gemeinschaft bei.

Ich wollte das einfach mal erwähnen denn in der Hektik einer Konsumgesellschaft wird das überlebenswichtigste gerne vergessen.

Also bitte sparen sie sich in Zukunft Randbemerkungen welche nicht gerade von Intelligenz zeugen wie, der liegt da nur rum, verursacht Kosten und Mühe.

Wie sie ja soeben erfahren durften leisten wir, auch wenn wir nur rumliegen, einen wesentlich wertvolleren Beitrag als Menschen die da nur rumliegen.

Der Hundehalter ist eine freiwillige Verpflichtung eingegangen uns zwecks Erfüllung der Notdurft auszuführen, wir leisten in diesen Momenten den erst später erkennbaren Beitrag, Verminderte Zufuhr von geistigen und körperlichen Schadstoffen aus Zeitmangel.

Das ganze geschieht natürlich unauffällig für die Halter, wissen wir doch wie wichtig für sie das Gefühl der Überlegenheit ist.

Überall sind dem Menschen Grenzen gesetzt, leider nicht bei der Dummheit, ist die feste Überzeugung meines Meisters. Deshalb warnt er auch ständig davor alles zu glauben was man so im Fernsehen erzählt wird.

„Wer zu viel fernsieht verliert leicht den Weitblick" nach seiner Meinung.

„In einer Fernsehsendung z.B. beschwerten sich die Moderatoren über die Raucher, und die Zuhörer applaudierten. Ich habe aber noch nie eine Sendung gesehen wo sich die Raucher über die Nichtraucher beschwert haben."

Ja und über Briefträger beißende Hunde beschwert man sich auch, aber warum machen Hunde denn so etwas. Das macht unsere Rasse doch nur wenn es sich im Ansatz schon erkennbar über die Überbringung einer Mahnung handelt.

Da kann doch wohl jeder das nötige Verständnis aufbringen, zuerst müssen nun einmal die Rechnungen für den Tierarzt beglichen werden und die Versandhäuser hätten dem Besteller auch frühzeitig wissen lassen müssen das so etwas zahlungspflichtig wird.

„Hole es dir oder besorge es dir" lässt man die Interessierten wissen, vom bezahlen war nie die Rede.

Also bitte liebe Briefträger verzeihen sie meinen verzweifelten Brüdern, es handelt sich lediglich um eine Eigenschutz- Maßnahme.

Natürlich braucht vor mir kein Briefträger Angst zu haben, ich weiß sehr wohl dass der im Auftrag

Anderer handelt und er muss wissen dass ich nur in gekochten Schinken beiße.

Dafür beißt sich mein Boss auf unseren Strecken in Gesprächen fest, wie immer mit heiter ironischem Hintergrund. Dieser Spaßvogel treibt es noch so weit bis er selbst fliegen kann. „Hast du schon einmal Probleme mit Alkohol gehabt?" wollte ein alter Bekannter im Verlauf eines Gespräches wissen. „Nein nur ohne „log er. Eine ihm bekannte Frau beklagte die grundlose Eifersucht ihres Mannes. „Der Trottel verdächtigt einen völlig Falschen" klärte sie uns auf.

Von mir wollte ein männlicher Artgenosse wissen wann ich mal ohne diesen Liebestöter am Ende der Leine, unterwegs bin. Woher sollte der auch erfahren haben das eine wie ich für 2 Minuten Turnunterricht nicht ihre Zukunft verspielt.

Früher mag ich vielleicht unentschlossen gewesen sein, doch jetzt bin ich mir nicht mehr so sicher.

Mein Boss durfte schon einmal zur Kenntnis nehmen das ein an die Macht gekommener Freund ein verlorener Freund ist.

Warum sollte es bei einem auf die Hündin gekommenen Hund denn anders sein. Nein, mein Barriere freies Leben gebe ich für keinen Hund auf, nicht einer von denen die ich kenne verfügt über die Toleranz meines Bosses. Wir brauchen uns nur gegenseitig in die Augen zu schauen um zu wissen was der Andere möchte. Mein Verdauungstrakt hat sich auch schon seinem Bewegungsdrang angepasst und sein Inneres meinen suggerierten Schuldgefühlen.

Mir ist es unmerklich gelungen die Nummer 1 in seinem Leben zu werden ohne dabei die Eifersucht von meinem Frauchen zu erwecken.

Diesen Status kann ja nur ein Hund erreichen ist er doch das ehrlichste und treueste Lebewesen auf dem Planeten.

Intelligente Menschen würden sich eher von ihrem Partner auf zwei schwachen Beinen trennen als von ihrem Vierbeinigem Gefährten.

Ob an der Seite von einem Herrchen oder Frauchen, das Leben mit uns macht sie freier.

Hätten wir nur ein Herrchen, dann wiederum hätte der unbegrenzte Freiheiten. Er dürfte so viel weibliche Besucherinnen empfangen wie er möchte, seine ergrauten Textilien tragen so lang es seine Mitmenschen ertragen könnten und natürlich seinen Körper durch ein Übermaß an Lebensmitteln und nicht zu vergessen alkoholischen Getränken ,ruinieren.

Es ist allerdings dann davon auszugehen das sich das mit den weiblichen Besucherinnen auf ganz Wenige minimieren würde.

Natürlich das Geld für die Einkaufsorgien seiner ehemaligen,

 besseren Hälfte könnte er dann dafür einsetzen einer neuen Partnerin die Möglichkeit des sinnlosen Einkaufens zu geben.

Da würde ich dann einschreiten und ihm zum Betrinken raten, da kann er wenigstens in der Zeit der geistigen Umnachtung vergessen welchen unwiderruflichen Fehler er begangen hat.

Und jetzt natürlich die Frage was eine Frau ohne ihren Mann für Möglichkeiten hätte.

Klar sie wiederum könnte sich so viele männliche Probleme ins Haus holen wie ich es zulasse. Nur lohnt sich das wirklich?   Halbwahrheiten kann sie auch ohne Partner erfahren, wofür gibt es denn die vielen Medien.

Gut, die gewonnene Freizeit durch weniger schmutzige Wäsche, ständiges auffüllen der Biervorräte und auch noch Spaß im Schlafzimmer vortäuschen, müsste erst einmal sinnvoll genutzt werden.

Sie kann durchaus Freundinnen einladen und sich mit denen darüber unterhalten wie schön es mit ihrem Ex doch war.

Geld für immer neue Textilien wäre auch nicht mehr von Nöten, sie haben die doch nur dem Partner zu liebe gekauft.

Aber all diese Schmeicheleien und Wiedergutmachungen sind einfach nicht adäquat ersetzbar.   Sollte der Ex nicht schon wieder im eigenen gemeinsamen Ehebett liegen, holen sie ihn schnell zurück sonst liegt er eventuell im Bett ihrer besten und treuesten Freundin.

Und das Alles kann ihnen unter Umständen erspart bleiben mit einem vierbeinigen Freund an der Seite. Wenn immer sie einen Freund suchen, da führt kein Weg an Uns vorbei.

Wer meine Bücher gelesen hat dem ist bekannt dass mein Boss auch gerne ein Hund wäre, ich persönlich bin der Auffassung er sollte Mensch bleiben. Wenn überhaupt Hund dann doch nur bei einem Menschen wie meinen Boss.

Und so viel Schwein muss ein Hund erst einmal haben so einen Menschen zu finden. Deshalb gibt es für mich persönlich keine Alternative zum Hundedasein.

Hund bleiben, heißt dem zu Folge meine Parole, aber bloß nicht ohne meine liebe Familie.

Mit diesem Schlusssatz sollte es für kurze Zeit erst einmal gut sein mit meiner ironischen Betrachtung des alltäglichen Geschehens, ich lasse sie ersteimal das Gelesene überdenken. Sollte wiedererwarten ein weiteres Interesse an neuen Plaudereien vorhanden sein, bitte lassen sie es mich wissen, ich scheue vor nichts zurück.   Ihre, alle lieben Menschen verehrende Lissy.